千年智略巅峰对决
阅历史的生死博弈
破码中国古代杰出谋士的思维疆界

Mastermind of Ancient China

中国古代谋士

以史为镜　可知兴替
以谋为刀　可断乾坤

沈阳出版发行集团
沈阳出版社

图书在版编目（CIP）数据

中国古代谋士 / 夏梓郡著. -- 沈阳：沈阳出版社，
2025.4. -- ISBN 978-7-5716-4868-8

Ⅰ. K820.2-49

中国国家版本馆 CIP 数据核字第 2025367X1Z 号

出版发行：沈阳出版发行集团 | 沈阳出版社
　　　　　（地址：沈阳市沈河区南翰林路 10 号　邮编：110011）
网　　址：http://www.sycbs.com
印　　刷：三河市兴达印务有限公司
幅面尺寸：170mm×240mm
印　　张：12.5
字　　数：170 千字
出版时间：2025 年 4 月第 1 版
印刷时间：2025 年 4 月第 1 次印刷
责任编辑：王冬梅
封面设计：鲍乾昊
版式设计：雷　虎
责任校对：张　磊
责任监印：杨　旭

书　　号：ISBN 978-7-5716-4868-8
定　　价：49.80 元

联系电话：024-24112447
E-mail：sy24112447@163.com

本书若有印装质量问题，影响阅读，请与出版社联系调换。

写在前面的话

在这沉甸甸的书页间，隐藏着一幅幅中国古代顶尖谋士的群像画卷，它如历史之门，静候着每一位探索者的开启。随着文字的流淌，我们不仅是在追溯过往，更是在那些改写国家命运、塑造历史的关键时刻，与那些智者展开一场跨越时空的心灵对话。

他们是华夏文明的璀璨星辰，以非凡智慧照亮前行之路。从姜子牙的睿智英勇，到管仲、晏婴的治国安邦；从孙武的兵法传奇，到范蠡的商圣隐逸；从张仪的纵横捭阖，到张良、陈平的汉初功勋；从邓禹的仁义之师，到三国智者的风云际会——郭嘉、荀彧、贾诩的智谋，司马懿的深沉，诸葛亮与庞统的才智，共同编织了那个时代的辉煌篇章。

陆逊的火烧连营，王猛的治国之才，谢安的淡然智慧，房玄龄与杜如晦的盛世蓝图，长孙无忌的忠诚贡献，以及刘伯温的预言谋略，姚广孝的非凡眼光，每一位谋士都以独特的方式，在历史长河中留下了不可磨灭的印记。

这本书，便是对这些智者传奇的致敬。它不仅仅是历史的回顾，更是智慧的传承。让我们一同走进这段历史，聆听那些智慧的声音，感受那些伟大的时刻，让古代谋士们的智慧之光，照亮我们前行的道路，启迪我们思考，丰富我们的精神世界。

刘伯温	杜如晦	谢安	陆逊	诸葛亮	郭嘉
188 180	172 164	156 148	140 130	122 112	104 96
姚广孝	长孙无忌	房玄龄	王猛	庞统	司马懿

目录

姜子牙	晏婴	范蠡	郦食其	陈平	贾诩
2	18	40	56	72	88
管仲	孙武	张仪	张良	邓禹	荀彧
10	26	32	48	64	80

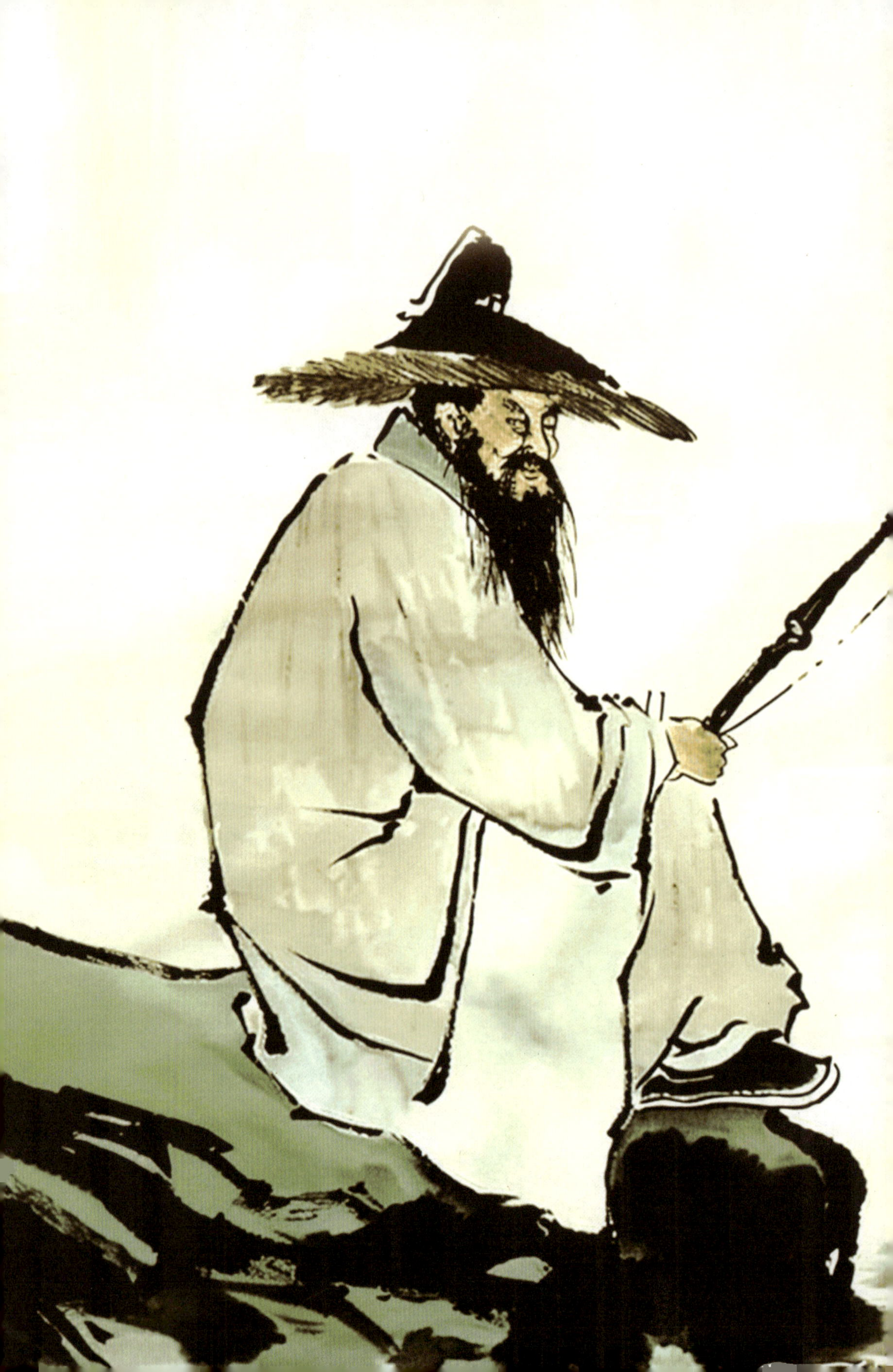

智略超凡，兵家鼻祖 —— 姜子牙

他是周朝初年的军事奇才，以智谋著称，助武王伐纣，奠定周朝基业

他是兵家鼻祖，供奉武庙，影响深远，为后世兵法之滥觞

他是治国能臣，辅佐文王、武王，实施仁政，使周国日益强盛

中国古代谋士

少而颖悟

姜子牙（约公元前1128年—约公元前1015年），姜姓，吕氏，名尚，字子牙，因封于齐地，又称齐太公，对他的叫法有很多，太公望、吕望、吕尚、姜尚这些都是对他的称呼，是周朝初期的重要政治家、军事家与谋略家，先后辅佐了周文王、周武王、周成王、周康王四代周天子，后被封为武成王，认为是兵家鼻祖。

姜子牙出身贫寒，早年丧父，与母亲相依为命。他勤奋好学，博览群书，尤其酷爱兵法与治国之道。年轻时，他曾四处游历，寻访名师，以求深造。在游历过程中，姜子牙不仅增长了见识，还结识了许多志同道合的朋友。

运筹演谋

姜子牙以其深邃的智慧、敏锐的洞察力和高超的谋略著称。他善于观察时势，把握机遇，以最小的代价取得最大的胜利。

而关于姜子牙的谋略我们在很早时候就已经了解了，就是歇后语：姜太公钓鱼——愿者上钩。毫无疑问，这条歇后语就是对他把握机遇，用最小的代价去获得成功的完美体现。

姜子牙

愿者上钩

在渭水的潺潺流动声中,姜太公静静地坐在岸边,手持一根普通的钓竿,鱼钩上也没有任何的饵料,看着完全不是来钓鱼的样子。因为他垂钓,并非为了鱼,而是在等那个上钩的愿者。与此同时,周西伯姬昌,一位心怀壮志却苦于无贤臣辅佐的君主,在一次狩猎前的占卜中得到了一个不同寻常的启示:他将遇到的,不是猎物,而是能够助他成就霸业的智者。

狩猎的队伍浩浩荡荡,但文王的心却被那卦象牵引,不由自主地偏离了原定的路线,最终来到了渭水之滨。他见到了那位卦象中的智者——姜太公,他的样子古怪得很,看似是在钓鱼,但是鱼钩却没有任何弯曲,更不必说钓鱼的饵料了。文王看了心里明白,他钓的并不是鱼,于是便主动上前搭话,两人的对话由此展开。

姜太公并未直接谈论军事或政治,而是从"仁"的角度切入,讲述了仁政对于凝聚民心、稳固根基的重要性,并且引经据典,结合历史与现实,阐述了"德"如何成为治理国家的基石,以及"义"在维系社会和谐中

姜子牙画像

的作用。最后，他谈到了"道"，那是超越具体策略的智慧，是顺应天命、合乎民心的最高境界。

姜太公的话语，让周文王意识到，这位智者更有着对治国之道的深刻理解。文王激动地说："自先君太公时，便希望有圣人降临，从而振兴周室。现在看来，先生就是那位圣人！"于是，文王恭敬地称姜太公为"太公望"，并邀请他同车返回，尊其为太师，开启了一段辉煌的八百年两周史。

辅佐西伯侯

在商纣王统治的二十三年，西伯侯姬昌因直言不讳地劝谏而激怒了暴君，且由于西岐国的日益强盛，商朝对其产生了忌惮。纣王在崇侯虎的谗言影响下，以"包藏祸心"的罪名将姬昌囚禁在羑里（今河南汤阴）。这位后来的周文王在长达七年的囚禁生活中，表面上假装沉迷于八卦推演以麻痹看守，实际上则通过长子伯邑考秘密与旧部联络。最终，西岐向商朝献上洛西之地、珍贵的宝物和绝世美人，纣王在宠妃妲己的怂恿下，误以为已经完全征服了这位"天下诸侯的楷模"，于是将白发苍苍的姬昌释放。看似屈辱的交易，实际上是周族隐忍蓄势的重要转折点——当囚车驶出朝歌城时，车中已暗藏着八百诸侯的血誓盟书。

周文王自羑里重获自由，立刻就返回了西岐，与姜太公密谋推翻暴虐的商纣王统治。姜太公不仅指导文王内修德政，广施仁道，还巧妙布局外交，游说那些对纣王心生不满的诸侯，使他们表面上向商朝纳贡以示忠诚，实则暗中与周结盟，以此麻痹纣王，降低其戒备。

在国内，文王采纳姜太公之策，推行一系列爱民举措，鼓励农耕，强化军事训练，民心凝聚，国力渐强。

尤为值得一提的是，文王公正无私地裁决了虞、芮两国的边界争端，此事传为美谈,使文王在民间赢得了"天命所归"的美誉。随后几年,文王在姜太公的精心辅佐下,先后征服了西部的犬戎、密须等部落,稳固了后方;又挥师东进,攻克耆国、邗国,最终逼近商朝的重要屏障——崇国,一一将其纳入周之版图。

与此同时,文王大兴土木,扩建丰邑,将其作为伐商的大本营,逐步构建起对商朝的全面包围网。

据《史记·齐太公世家》记载,这一系列军事与政治的双重攻势,使得天下三分之二的诸侯纷纷向周靠拢,这一辉煌成就,很大程度上归功于姜太公那深邃的战略眼光与周密的策划部署,为最终推翻商朝奠定了坚实的基础。

治国安邦

武王伐纣成功,奠定周朝基业后,与姜太公、周公旦等重臣共商大计,决定实施分封制,将天下划分为众多侯国,由亲族功臣领兵镇守,以拱卫周室,此即"封建亲戚,以藩屏周"之策。姜太公因灭商之功,被赐予齐地营丘,肩负安定东方的重任。

姜太公率部踏上前往营丘的征途,路途遥远,队伍疲惫不堪,行进缓慢。一日黄昏,大军抵达营丘附近,众人提议就地扎营,次日再行。此时,有士兵议论:"这般悠闲,哪有半点去建功立业的样子!"姜太公闻此,顿感事态紧迫,立即下令整肃队伍,趁着夜色,星夜兼程,直扑营丘。

及至黎明,大军抵达淄河西岸,眼前一幕令人心惊:莱国大军正渡河而来,意图抢占营丘,战鼓雷动,箭矢在弦。面对这突如其来的危机,姜太公沉着冷静,先以武王之德、之政、之威,劝说莱侯归顺周朝,共谋天下大计。他言道:"武王敬德尊贤,仁政泽被万民,诸侯归心,万国臣服。莱侯若能顺应天命,西向事周,必将共享盛世之荣。"然而,莱侯仗着兵强马壮，傲慢无礼，拒不接受姜太公的劝告。

见劝说无果，姜太公果断下令，率军迎战。他运筹帷幄，指挥若定，以雷霆万钧之势，一击即溃莱军。莱侯败逃，姜太公乘胜追击，顺利占据营丘，为齐国的建立奠定了坚实的基础。这一战，不仅展现了姜太公卓越的军事才能，更彰显了他临危不乱、智勇双全的风采。

在商周交替的动荡年代，姜子牙以其独到的眼光，精准地把握住了时代的脉搏。他知道民心向背的力量，因此，在辅佐武王的过程中，他始终坚持以人为本，推行仁政，赢得了百姓的广泛支持。

在军事上，姜子牙善于利用地形、兵力等有利条件，制定出出奇制胜的战略。牧野之战中，他巧妙地运用了心理战术，通过示弱诱敌、突然袭击等策略，以少胜多。这种对战争规律的深刻洞察和灵活运用，使得姜子牙在军事上取得了辉煌的战绩。

除此之外姜子牙还有许多为人们津津乐道的故事，他垂钓渭水，以静待明君的耐心与智慧；他辅佐武王，励精图治，最终推翻暴政，建立周朝的辉煌成就，彰显了姜子牙作为谋士和军事家的卓越才能，更体现了他作为一位智者、仁者、勇者的形象。

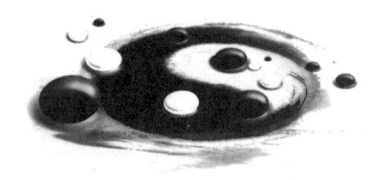

史笔昭彰

太公望年七十，屠牛朝歌，卖食盟津，过七年余而主不听，人人谓之狂夫也。及遇文王，则提三万之众，一战而天下定，非武议，安得此合也。

——尉缭《尉缭子》卷二《武议》

姜子牙

【译】太公望七十岁的时候，在朝歌屠宰牛只，在盟津贩卖饮食，过了七年多时间，但君王没有听从他的建议，人们都认为他是个狂人。等到他遇到文王，就率领三万军队，一战而平定了天下，如果不是他的武略，怎么能达到这样的契合与成就呢？

昔营邱（姜尚）翼周，杖钺专征。博陆（霍光）佐汉，虎贲警跸。

——陈寿《三国志·卷三十八·蜀书八·许糜孙简伊秦传第八》

【译】从前姜尚（即太公望，封地在营丘）辅佐周朝，手持斧钺专一地负责征战。霍光（封为博陆侯）辅佐汉朝，统领虎贲军负责警卫和仪仗。

太公望，齐之建国者，其智略非浅近者所及也。

——司马迁《史记·齐太公世家》

【译】太公望，是齐国的建立者，他的智谋和策略不是浅薄的人所能比得上的。

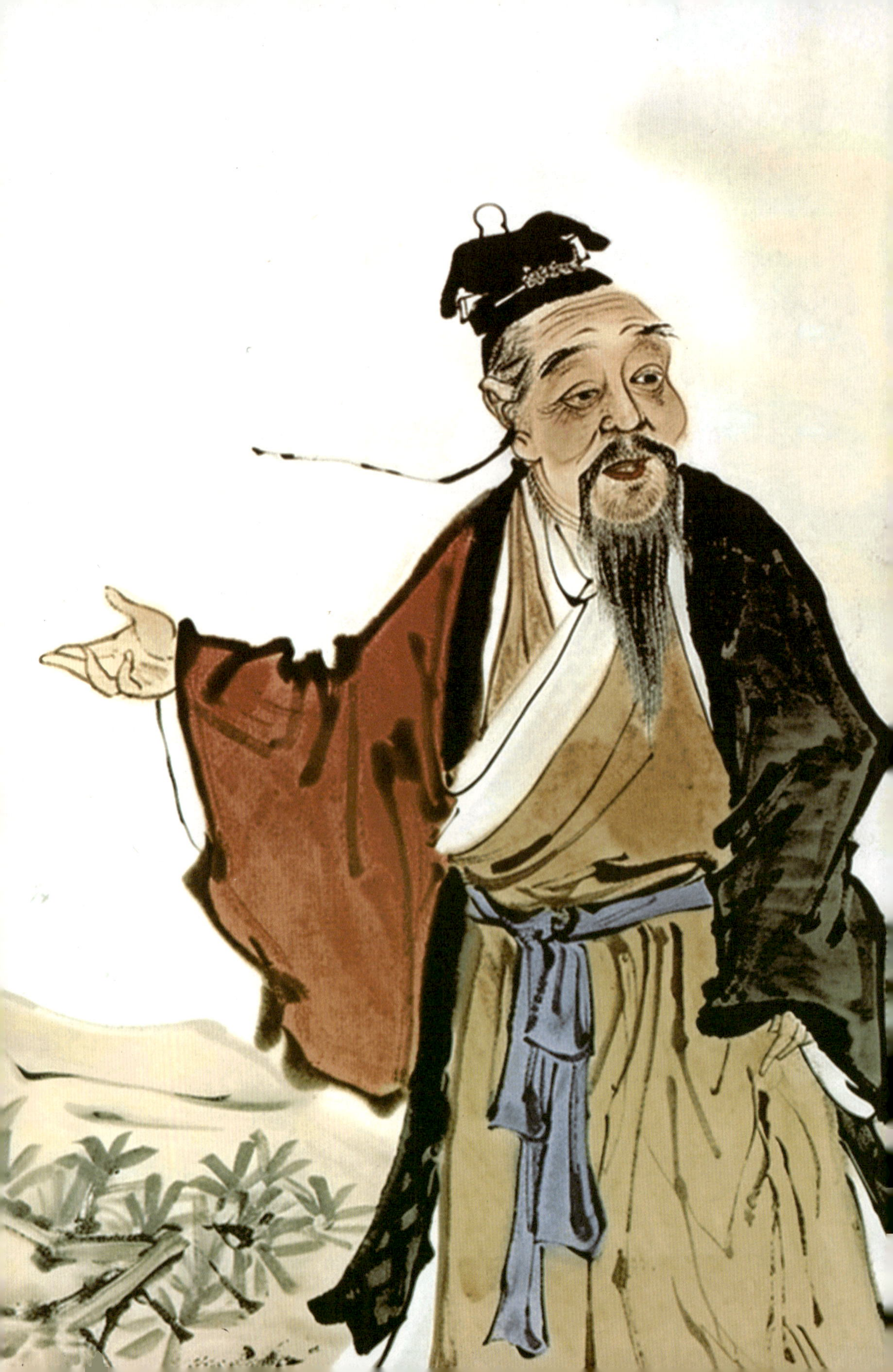

智谋国辅，春秋称霸 ——管仲

他是春秋首霸的智囊，以才智助齐桓公成就霸业

他是改革先驱，推行一系列经济、军事、政治改革，奠定齐国强盛基础

他是千古名相，其治国理念与策略影响深远，被誉为「华夏第一相」

中国古代谋士

少而颖悟

管仲（公元前719年—公元前645年），名夷吾，字仲，春秋时期齐国颍上（今安徽颍上）人。他出生于一个普通的士族家庭，自幼便展现出过人的智慧与才华。少年时期的管仲，便对政治、经济有着浓厚的兴趣，常常与伙伴们讨论治国之道。

年轻时管仲曾与好友鲍叔牙一同经商，管仲在分配利润时总是多拿一些，但鲍叔牙却从不计较，反而认为管仲家境贫寒，理应多得。之后管仲去参军又几次临阵脱逃，被别人说是怕死当逃兵，鲍叔牙也为管仲解释，说他惜命是因为要照顾家中的老母，而且几次入仕也都以失败告终。管仲被人们质疑能力有问题，鲍叔牙再次为管仲解释，说管仲是没有遇到懂他的君主。

管仲真正开始为官过程也很曲折，起初，他辅佐公子纠，但公子纠在争夺齐国君位的斗争中失败，管仲也差点儿丧命。幸得鲍叔牙向齐桓公推荐，管仲才得以被重用，成为齐国的丞相。

运筹演谋

能够洞察时局是管仲区别于其他人的地方，所以他总是精准把握国家发展的脉搏。齐国要想在诸侯争霸中脱颖而出，必须实施一系列改革，增强国力，提升军事实力，同时注重外交策略，以智取胜。所以上任后，管仲首先着手进行内政改革，通过发展经济、整顿军备、加强法治等措施，使齐国迅速崛起，最终称霸春秋。

楚国购鹿

齐桓公面对楚国的强盛，忧虑重重，他向管仲问道："楚国兵强马壮，民众又精通格斗，若要举兵征讨，恐怕难以取胜。仅一个楚国已让人头疼，未来的路该如何走？"

管仲画像

管仲沉思片刻缓缓说道："大王，不妨以经济之战，破其国本。您可命人高价收购楚国的特产——活鹿，此计必能奏效。"

于是，齐桓公在边境上建立了一座小城，作为交易之所，并派遣中大夫王邑携带巨款前往楚国，大肆购买活鹿。楚王得知此事，喜出望外，对令尹说道:"金钱乃人之所爱,国家之基石。而鹿,不过野兽尔,楚国遍地皆是,弃之亦不可惜。今齐国愿以重金购我无用之物,此乃天赐之福,当速速应允,换取财富!"

为炒作鹿价,管仲又故意放出风声,对楚国的商贾说:"若能运来二十头活鹿,便赏黄金百斤;若得二百头,则赐千金之财。楚国无须征税,亦可富足。"此言一出,楚国上下轰动,无论官民,皆放下农具,涌入山林,争相捕鹿。

然而管仲的计谋远不止于此。他暗中派遣隰朋,在齐楚两地间秘密收购粮食,囤积备用。楚国因售鹿所得之财,虽比往常多出数倍,但农田荒废,粮食产量锐减。管仲深知,粮食乃国家之根本,一旦断粮,楚国必乱。

数月后,管仲向齐桓公禀报:"君上,时机已至,我们可安心伐楚。"齐桓公不解,管仲解释道:"楚国虽得巨款,却误了农时,粮食无法短期内收获。待其粮尽,必向我求购,届时我们封锁边境,楚国将陷入困境。"

果然不久之后,楚国粮价飞涨,民众饥馑,楚王急派使者四处购粮,却皆被齐国截断。楚国元气大伤,民不聊生,最终三年后向齐国屈服,承认其霸主地位。

齐国在齐桓公的领导下逐渐强盛,成为诸侯国中的强国之一。齐桓公任用管仲为相之后,推行一系列改革,使齐国在经济和军事上都得到了显著提升。但是南方的楚国同样地大物博、军事强盛,成为齐国称霸路上的一大障碍。齐桓公虽有心征讨楚国,但又担心难以取胜,于是向管仲询问对策。

菁茅谋

管仲注意到,天子手中并无特别珍贵的资源,唯有楚国进献不值钱的"菁茅",这种长江流域特有的、三条脊梗直贯根部的茅草,在常人眼中或许微不足道。

管仲决定以此为饵，布下一局。为了不走漏风声，他发布了一道旨令：天子将亲临泰山祭天，此乃千载难逢之机，特许诸侯陪同前往。此令一出，诸侯们无不蠢蠢欲动，毕竟，祭天乃天子之权，诸侯能有机会参与，自是倍感荣耀。

紧接着，管仲又抛出了第二个指令：凡欲随天子祭天之诸侯，必须携带一捆菁茅作为祭祀之用的垫席，无此茅草者，不得入内。此言一出，诸侯们顿时陷入焦急之中，菁茅瞬间成了炙手可热的抢手货。

为了能在祭天大典上一展风采，诸侯们不惜重金求购菁茅。原本不起眼的茅草，价格一路飙升，竟至百金一捆。天下的黄金如潮水般涌向周天子的库房，仅仅三日之间，周天子通过售卖菁茅所得之财，便已相当于七年的财政收入。

老马识途

齐国在远征讨伐孤竹国的时候，因为两国的实力差距很大，所以齐军将孤竹国团团围住。孤竹国为求自保，使出诈降之计，献上山戎首领的首级，并谎称国君已弃城逃往茫茫沙漠。齐桓公信以为真，命"降将"为前导，率领大军深入荒漠，追击孤竹国君。然而"降将"却心怀叵测，趁齐军不备，偷偷溜走，消失在茫茫沙海之中。

夜幕降临，沙漠中寒风凛冽，狂风卷起阵阵黄沙，遮天蔽日。齐军队伍在黑暗中迷失方向，前后失去联系，陷入了一片混乱。齐桓公心中焦急万分，不知所措，急忙召来管仲，寻求解危之策。

管仲稍加思索，便吩咐随行兵士敲锣打鼓，以声音为信号，召集失散的队伍。鼓声隆隆，各队将士闻声而来，终于在天亮前聚集在一处，暂时摆脱了困境。然而天虽已亮,沙漠中的酷热却让人难以忍受,加之饮水短缺,方向难辨,全军将士再次陷入焦虑之中。

管仲见状,沉思片刻后向齐桓公建议道:"臣曾闻老马识途之说,燕地的马匹多从漠北而来,或许对这片沙漠颇为熟悉。君上不妨挑选数匹老马,放它们先行,我军紧随其后,或许能寻得出路。"齐桓公闻言,觉得此计可行,立即命人挑选了几匹老马,解开缰绳,让它们自由前行。

这几匹老马仿佛真的识得路途,它们在沙漠中蜿蜒前行,齐军将士紧随其后。终于,在老马的带领下,齐军走出了这片茫茫沙漠。

管仲取得的成就用丰功伟绩来概括也并不过分,但是他在遇到齐桓公之前,从不被认为是成就霸业的缔造者,相反,那些有着伟大目标的英主对他都是避犹不及。孟子在《生于忧患,死于安乐》里说了一类人,孟子说他们是天降大任者,于是会有数不清的磨难来让这些天降大任者走向伟大,而管夷吾便是其中之一。或许除了鲍叔牙,最懂这位"华夏第一相"的就是孟子了。可能说到丞相,人们总是会想起诸葛武侯,而武侯在南阳躬耕时,就是将自己比作管仲的。

史笔昭彰

管仲相桓公,霸诸侯,一匡天下,民到于今受其赐。微管仲,吾其被发左衽矣。

——孔子《论语》

管 仲

【译】管仲辅佐桓公,称霸诸侯,匡正了天下,老百姓到了今天还享受到他的好处。如果没有管仲,恐怕我们也要披散着头发,衣襟向左开了。

管仲,世所谓贤臣,然孔子小之。岂以为周道衰微,桓公既贤,而不勉之至王,乃称霸哉?

——司马迁《史记·管晏列传》

【译】管仲,世人都称他为贤臣,但孔子却轻视他。难道是因为孔子认为周朝王道衰微,桓公既然那么贤明,却不勉励他成就王业,而只是称霸一方吗?

文王举太公望、召公奭而王,桓公任管仲、隰朋而霸,此举贤以立功也,夫差用太宰嚭而灭,秦任李斯、赵高而亡,此举所与同。故观其所举而治乱可见也;察其党与而贤不肖可论也。

——刘安《淮南子·泰族训》

【译】周文王任用太公望、召公奭而称王天下,齐桓公任用管仲、隰朋而称霸诸侯,这都是任用贤才而建立功业的例子。吴王夫差任用太宰嚭而灭亡,秦朝任用李斯、赵高而覆灭,这都是任用奸邪之人而导致国家衰败的例子。从这些事例可以看出,所任用的人才对于国家的治乱有着直接的影响;观察这些被任用的人以及他们周围的同党,就可以评判出他们是贤能还是奸邪。

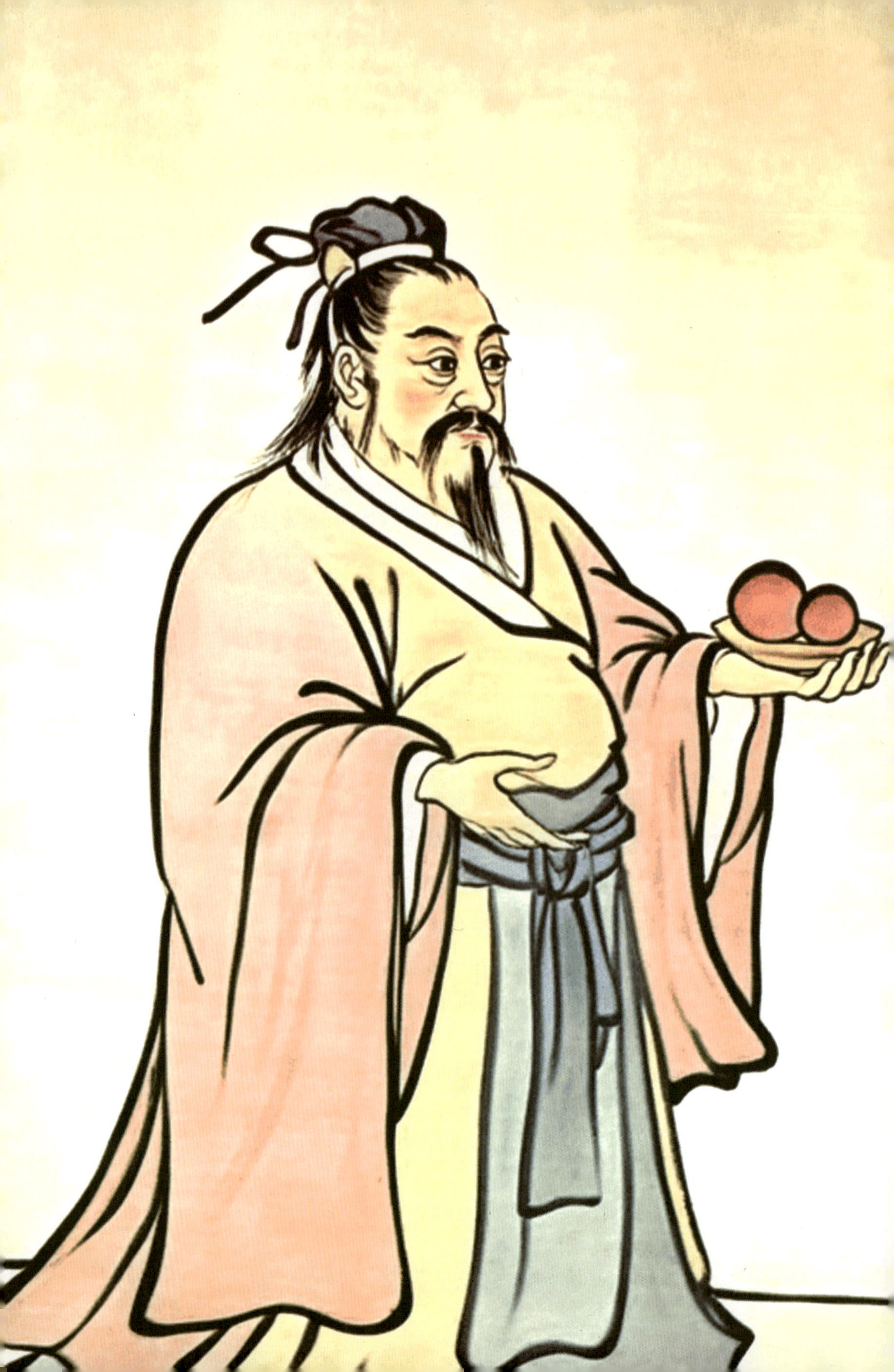

以智谋国，毒舌外交

——晏婴

他是后世敬仰的智者，言行被载入史册

他是春秋末年的杰出谋士，以智谋著称于世

他是齐国三朝老臣，辅佐国君，稳定朝纲，功勋卓著

少而聪颖

晏婴（公元前578年—公元前500年），字平仲，世称晏子，春秋时期齐国夷维（今山东高密）人，是齐国上大夫晏弱之子。晏婴治国倡导节约简朴，主张减轻赋税、精简刑罚，他强调君臣间应和谐共处而非盲目附和，提倡上下沟通顺畅，确保上层能倾听基层的声音。

同时，晏婴坚决反对迷信灾异、巫术祈福及驱邪仪式，坚守没有神祇干预世事的无神论观点。晏婴作为齐国的重要政治家和外交家，在齐景公、齐灵公、齐庄公三朝担任要职，对齐国的政治稳定与发展做出了巨大贡献。

运筹演谋

晏婴之所以能成为春秋时期的杰出谋士，关键在于他具备超凡的智慧、敏锐的洞察力以及高超的辩才。他的谋略不仅体现在政治上的远见卓识，更在于能够准确把握人性的弱点。

晏婴

折冲樽俎

春秋时期，诸侯国之间纷争不断，晋国作为当时的强国之一，一直有着扩张势力的野心。齐国作为东方的大国，自然成为晋国觊觎的对象。齐景公在位期间，齐国虽然内政有所整顿，但面对晋国的威胁，仍需谨慎应对。晋国为了探明齐国的实力，派遣大夫范昭出使齐国，试图通过外交手段摸清齐国的底细。

齐景公对这位晋国来使给予了极高的礼遇，设宴款待，席间酒香四溢，气氛热烈。

酒过三巡，范昭借着微醺的醉意，向齐景公提出了一个看似随意却暗藏锋芒的请求："愿借君上之杯，共饮此酒。"

齐景公未察其意，欣然应允，命侍从将自己的酒杯斟满递给范昭。范昭接过酒杯，一饮而尽，此举实则是对齐国君臣的一次微妙试探，挑战了宴饮礼仪的界限。

晏婴见状立即命令侍从："速弃此杯，为君上另换新盏。"原来，按照当时的礼俗，君臣宴饮，各用其杯，范昭之举无疑是对齐国主权的轻视与挑衅。

晏婴的迅速反应，不仅维护了齐国的尊严，也巧妙地向范昭展示了齐国不可小觑的力量与智慧。

范昭归国后，向晋平公详细汇报了此行所见，特别强调了晏婴的敏锐与机智，以及齐国君臣间的默契与团结。

他知道在这样的对手面前，贸然发兵，胜算渺茫。于是，晋平公听取了范昭的建议，打消了攻齐的念头。

南橘北枳

楚王跟大臣正聊天,听说晏婴要从齐国来,楚王就琢磨着怎么给他来个下马威。"晏婴素来善辩,如何才能讥讽他一番?"楚王问身边的大臣。大臣眼睛一转,凑近楚王耳边嘀咕了几句,楚王一听,乐了,觉得这是个好主意。

晏婴到了楚国,楚王热情招待,摆了一桌好酒好菜。大家喝得正高兴,突然,两个侍卫押着个人走了进来。楚王故作好奇地问:"此人是谁?"侍卫回答说:"是个齐国人,因偷盗被捕。"

楚王就看着晏婴,带着点挑衅地问:"难道你们齐国人都喜欢偷窃吗?"

晏婴一听,也不着急,站起身来,慢悠悠地说:"我听闻橘子种在淮南时是硕大甘甜的,但是种到了淮北时却是细小苦涩的。种子都是相同的,吃起来却完全不同,不就是因为水土不同吗?而齐国人在齐国不曾有偷盗之举,来到楚国却要行盗窃之事,莫不是因为楚国的水土让人变得爱偷窃?"楚王一听,哈哈大笑,说:"阁下言辞犀利,同你讲笑是孤自讨没趣了。"

二桃杀三士

齐国有三位勇士——田开疆、公孙接、古冶子,他们力大无穷,战功赫赫,却也因此骄傲自满,对君臣之礼不屑一顾。晏子察觉此三人已成为国家隐患，便向齐景公提议除去他们。

齐景公忧虑的是，这三人武艺高强，硬来恐怕难以制服。晏子沉思片刻，计上心来。

次日，齐景公在朝堂之上，宣布要赏赐三位勇士两个珍贵的桃子，让他们根据自己的功劳来决定谁应该享用。

公孙接率先站出，讲述自己曾孤身搏杀野猪与幼虎，英勇无比，理当得一桃。

晏婴画像

田开疆也不甘示弱，提起自己率军击退强敌的壮举，同样领走一桃。轮到古冶子，他回忆起自己曾伴随景公渡河，斩杀水中巨鼋，解除危机，自觉功劳更大，却因桃子已被取完，心中愤懑，拔剑而起。

田开疆与公孙接两人都知道，论勇猛与功劳，他们确实不及古冶子。

若此时不让桃，显得贪婪；若不敢面对，又失了勇气。于是，二人决定将桃子归还，相继拔剑自刎，以示无愧于心。

古冶子见两位兄弟因自己而死，悲痛欲绝，他深知自己独活既不仁，又以言语羞人显不义，若不死，更无勇可言。于是，古冶子也选择了自尽，以全名节。

三士陨落，齐景公深感痛惜，按照士的礼仪，为他们举行了隆重的葬礼，而晏子的智谋，也在这一场无声的较量中，展现得淋漓尽致。

晏婴的一生跟其他的人是有些不同的，身材矮小是他始终无法用智慧去弥补的缺憾，所以他总是会很容易地遭遇不公和歧视，但是他总是可以用敏锐的洞察力和高超的辩才来化解，为齐国解决了许多内忧外患，维护了国家的稳定与尊严。

他能够准确把握人性的弱点，不仅在外交上建树颇丰，还在政治上有远见卓识。

史笔昭彰

晏子可谓知礼也已，恭敬之有焉。国无道，君子耻盈礼焉。国奢，则示之以俭；国俭，则示之以礼。

——曾子《礼记·檀弓下》

【译】晏子可以说是懂得礼的人了，他表现出了恭敬的态度。国家无道时，君子以盈满之礼为耻。国家奢靡时，就向它展示节俭；国家节俭时，就向它展示礼仪。

晏平仲善与人交，久而敬之。

——孔子《论语》

【译】晏平仲善于与人交往，即使相处了很久也依然保持对他的敬重。

晏　婴

救民百姓而不夸，行补三君而不有，晏子果君子也！

——《晏子春秋》

【译】拯救百姓却不夸耀自己的功劳，弥补三位国君（的过失）却不将其据为己有，晏子确实是一位君子啊！

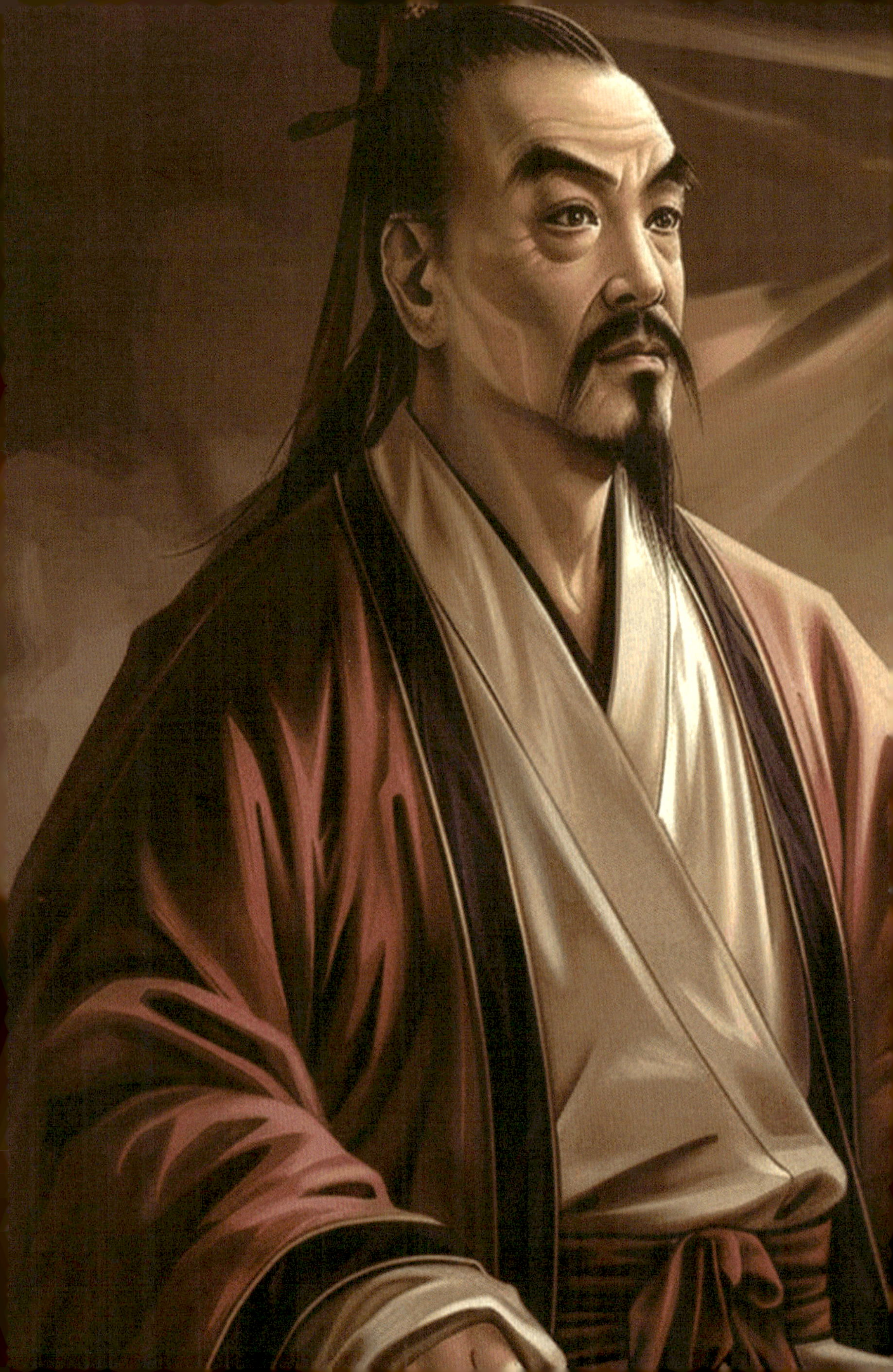

兵家至圣，著书传说 ——孙武

他是兵法的集大成者，著《孙子兵法》传世

他是吴国的智囊，助吴破楚，成就霸业

他是后世军事家的楷模，被尊为「兵家至圣」

中国古代谋士

少而颖悟

孙武（约公元前545年—约公元前470年），字长卿，齐国乐安（今山东惠民）人，生于春秋末期。其家族世代为齐国贵族，但至孙武时，家道中落，他因此得以接触社会底层，深刻体会世态炎凉。少年时期的孙武，便展现出了对军事的浓厚兴趣与天赋，因研读兵法而废寝忘食，在一次与伙伴们的游戏中，以石子为兵，沙盘为阵，指挥若定，让在场的众人都惊叹不已。

孙武的青年时期，正值诸侯争霸、战乱频仍之时，他的才华很快得到了吴王的赏识。公元前512年，被召入吴国，担任将军，辅佐吴王阖闾。在孙武的谋划下，吴国迅速崛起，成为春秋时期的强国之一。

运筹演谋

孙武非常注重人心的把握，在他看来战争不仅仅是军队之间的对抗，更是人心的较量。

因此，他善于运用心理战术，通过巧妙的布局和舆论引导，瓦解敌军的斗志，增强己军的凝聚力。这种对人心的深刻洞察和巧妙运用，正是他作为谋士的过人之处。并且他理解了战争本质，注重战前的筹划与布局，善于利

孙　武

用一切有利因素，为战争胜利奠定坚实基础。《孙子兵法》中所说的，攻城为下，攻心为上，正是这个道理。

训女兵

公元前 512 年，孙武带着自己写的《孙子兵法》十三篇，呈于吴王阖闾。吴王细细翻阅，每翻一页，赞叹之声便不绝于耳。为验证这位谋士的实战才能，吴王决定以一场特殊的考验来评判。

他精选了百余名宫女，交予孙武操练。孙武迅速将宫女分为两队，并巧妙地指定了吴王最宠爱的两位美姬作为队长，同时安排自己的亲信担任军吏，以确保军法的严格执行。

宫女们初时并未将这位新将军放在眼里，号令之下，她们或笑或闹，队形一片混乱。

面对此景，孙武并未动怒，而是冷静地召集军吏，依据兵法，将两位队长斩首。吴王闻讯大惊，急忙派人传令，希望孙武能网开一面，但孙武却坚定回应："臣既已受命为将，军中之事，君命亦有所不受。"言罢，他毅然执行了军法，随后又迅速任命了两名新的队长，继续操练。

当孙武再次击鼓发令时，宫女们仿佛脱胎换骨，她们的动作变得迅速而整齐，无论是前进还是后退，左转还是右旋，都严格遵循着号令，阵形宛如一体，令人叹为观止。吴王虽然失去了心爱的美姬，心中难免不快，但孙武随后的解释却让他豁然开朗："令行禁止，赏罚分

孙武画像

明,此乃兵家之常法,治军之通则。唯有对士卒威严有加,方能确保他们令行禁止,战则必胜。"

吴王阖闾听完孙武的一席话,心中的怒气渐渐消散,取而代之的是对这位谋士深深地敬佩。他当即决定,任命孙武为将军,委以重任。

孙武宴

公元前506年,周敬王十四年秋,孙武率领六万吴军,逆淮水而上,直逼汉水,目标直指楚都郢都。但是面对敌众我寡的严峻形势,长途奔袭的吴军已显露出疲惫之态,军心亦开始动摇,于是孙武为了稳固军心,想出了一条妙计。

大战前夕,孙武命人取出军中自酿的美酒,整齐地排列在军阵之前。酒香瞬间弥漫了整个军营,令每一个士兵都为之振奋。他下令全军将士共同品尝这美酒,以缓解连日来的疲惫。士兵们闻着酒香,品着美酒,所有的辛劳都在这一刻烟消云散,军心因此大振。

就在士兵们沉浸在美酒的喜悦之中时,孙武却突然命人撤去了所有的美酒,他神色庄重地说道:"此等美酒,犹如天降甘霖,但此刻尚不是享用之时。待我们战胜归来,再痛饮此酒,共庆胜利!"此言一出,士兵们心中燃起了熊熊的斗志,因为只有胜利,才能再次品尝到这令人陶醉的美酒。

次日,战鼓雷动,吴军如同猛虎下山,势不可当。在孙武的指挥下,他们连续五次击败楚军,最终攻破了郢都,取得了胜利。战后,孙武兑现了他的承诺,用战车装满了那美酒,与全军将士在楚地大宴庆祝。

自此以后,每当吴军取得胜利,孙武都会赐此美酒给士兵们享用,以表彰他们的英勇与付出。他甚至还将这美酒作为贡品,献给了吴王阖闾。吴王品尝之后,大为惊喜,赞叹不已,认为这简直是天赐的佳酿。后来,人们便将这美酒命名为"孙武宴",以纪念孙武的智勇。

孙　武

孙武的军事才能区别于之后很多的兵家代表，他不只在理论方面有登峰的成就，更擅长军事实践，这不仅是对《孙子兵法》理论的生动演绎，更是对军事领导艺术的深刻探索。他以身作则，严于律己，宽以待人，既坚持原则，又不失灵活；既注重军事效果，又兼顾人文关怀。这样的领导风格，自然赢得了士兵的尊敬与爱戴，也让他的士兵可以不战而屈人之兵。

史笔昭彰

有提十万之众，而天下莫当者谁？曰桓公也。有提七万之众，而天下莫当者谁？曰吴起也。有提三万之众，而天下莫当者谁？曰武子也。

——尉缭《尉缭子》

【译】有谁率领十万大军而天下无人能抵挡的呢？答案是齐桓公。有谁率领七万大军而天下无人能抵挡的呢？答案是吴起。有谁率领三万大军而天下无人能抵挡的呢？答案是孙武。

于是阖庐知孙子能用兵，卒以为将。西破强楚，入郢，北威齐晋，显名诸侯，孙子与有力焉。

——司马迁《史记》

【译】于是阖庐知道孙武确实善于用兵，最终任用他做了将军。孙武率军向西打败了强大的楚国，攻入楚都郢城，向北威慑齐国和晋国，在诸侯各国中显赫闻名，孙武对此出了很大力。

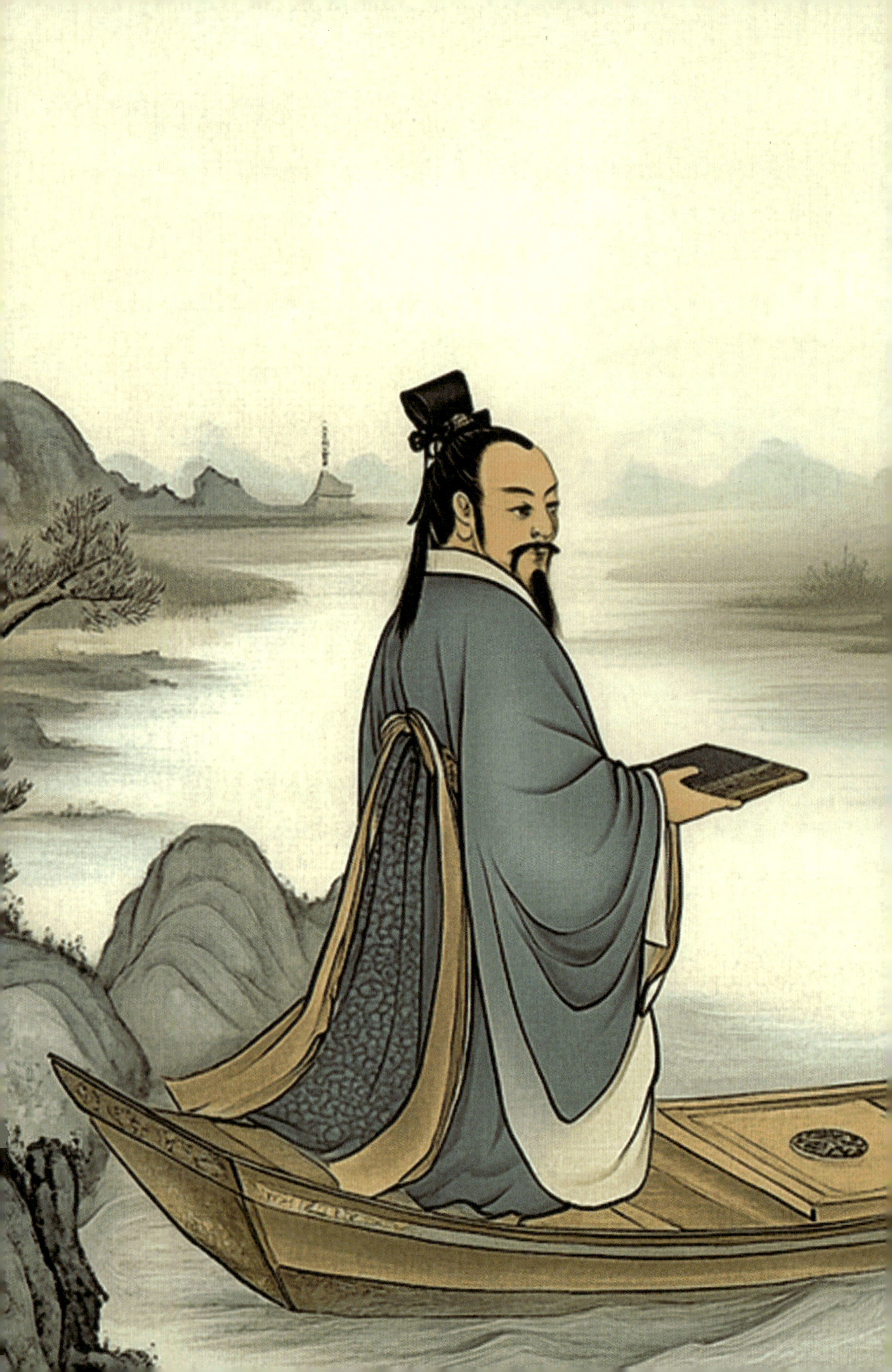

智谋巨擘，辅越吞吴

——范蠡

他是春秋末年的商业奇才，以智慧和谋略著称

他是越王勾践的得力助手，助其复国兴邦

他是功成身退的典范，三次散财，归隐江湖

少而颖悟

范蠡（公元前536年—公元前448年），字少伯，楚国宛地三户邑（今河南淅川县寺湾镇）人。他出身贫寒，却博学多才，文武兼备，早年师从计然，习得治国理政与经商之道。

公元前516年，范蠡的才华得到了楚国宛令文种的赏识。五年后，他力邀文种一同入越，辅佐越王勾践。在越国，范蠡以其卓越的智谋，成为勾践复国之路上的重要谋士。公元前493年，面对吴国的威胁，范蠡曾力劝勾践避免战争，但勾践决心已定，结果越军在夫椒之战中大败，勾践被迫带领残兵五千退守会稽山，被吴王夫差围困，之后越国被吴国所灭，勾践、范蠡一同入吴国为奴。

运筹演谋

范蠡是一位深谙政治权谋的智者，同时也是一位精通经济、军事的全才。范蠡的谋略，体现在他对时局的洞察与对人心人性的深刻把握上，善于从纷繁复杂的局势中抽丝剥茧，找出问题的关键所在，并制定出切实可行的策略。在辅佐越王勾践的过程中，范蠡不仅能够洞察吴王夫差的野心与弱点，还能够准确判断越国的实力与潜力，并据此制定出既符合实际又富有远见的复国计划，从而实现之后的复越吞吴。

兴越灭吴

越王勾践在越国灭亡后，在吴国为奴三年。被吴王夫差释放回国后，他与范蠡一同踏上了复国的征途。勾践铭记会稽之耻，每日劳作不息，生活简朴，与民同甘共苦。他委范蠡以国政重任，但范蠡深知自己与文种各有所长，便谦逊地推荐文种主持内政，自己则专注于外交与军事策略。

范蠡画像

范蠡首先着手恢复越国的经济。他鼓励农耕，发展桑蚕业，确保粮食储备充足，同时不扰民力，顺应天时。他亲自走访民间，了解百姓疾苦，实施了一系列惠民政策，如慰问病患、吊唁逝者、减免徭役等，深得民心。在军事上，范蠡更是巧施妙计。他主持重建国都，巧妙地建造了两座城池：一座小城示于吴国，以作掩饰；另一座大城则暗藏玄机，面对吴国方向故意不筑城墙，以此迷惑夫差。同时，他加强军队训练，提高士气，组织敢死队，并设立高额奖励，激励士兵奋勇杀敌。

为了进一步削弱吴国，范蠡投其所好，向夫差进献珍宝美女，以讨其欢心，同时暗中观察吴国动向。当勾践欲提前起兵伐吴时，范蠡冷静分析局势，劝阻了勾践的急躁之举。范蠡明白吴国实力尚存，不可轻举妄动。直到吴王夫差北上会盟诸侯，国内空虚之时，范蠡才认为时机成熟，建议勾践发兵攻吴。

在随后的几年里，越吴之间战事频仍。范蠡运用围而不攻的战略，使吴军士气低落，自乱阵脚。最终，在公元前473年年底，越国一举灭吴，夫差无奈自杀。

功成身退

在越王勾践实现了灭吴的霸业之后，范蠡却选择了悄然离去。他与勾践并肩作战，共谋大计二十余年，终于灭掉吴国，一雪会稽之耻。越国的兵锋甚至北渡淮河，威胁齐、晋，号令中原，尊奉周室，勾践因此称霸，而范蠡也被尊为上将军。

本来正是在荣耀与权力的巅峰，范蠡却看到了不一样的未来，他知道勾践的性情，这位君王可以共患难，却难以共享安乐。于是，范蠡决定急流勇退，写了一封信给勾践，表达了自己想要离开的愿望。他在信中说："臣曾

范蠡

闻君主忧虑，臣子便应劳力；君主受辱，臣子便应效死。昔日君王在会稽受辱，臣之所以不死，正是为了今日的雪耻。如今既然已经报仇，臣请求您允许我像当年会稽之败时那样，接受处罚。"勾践挽留他，甚至提出要与他分享国家，但范蠡心意已决。他说："君主可以由自己所想发布诏命，臣子也可以按照自己所想行事。"

范蠡收拾好轻便的珠宝玉器，带着自己的亲信和随从，乘舟泛海而去，从此再也没有回来。勾践为了表彰范蠡的功绩，将会稽山作为他的封邑。

在离开越国之后，范蠡并没有忘记曾经的战友文种，他知道文种的才华与忠诚，但也担忧他的未来。于是，他从齐国给文种写了一封信，信中写道："飞鸟尽，良弓藏；狡兔死，走狗烹。越王勾践长颈鸟喙，可以共患难，却不可共富贵。你为何不也离去呢？"文种收到信后，虽然心中明白范蠡的好意，但却因为种种原因未能及时行动。后来，有人向勾践诬告文种图谋不轨，勾践便赐给文种一把剑，让他用这把剑去追随先王，文种无奈，只得自杀身亡，而范蠡因为及时身退，才能有之后商家之祖的故事。

三次隐居

范蠡在激流勇退离开越国后，来到了齐国。为了避免不必要的麻烦，他改名为鸱夷子皮，并在海边找了一块地方，搭建起简陋的屋舍，开始了他的新生活。他不仅耕作田地，还利用海边的资源，捕鱼晒盐，通过辛勤的努力，很快就积累了丰厚的家产。

范蠡虽然富有，但他并不吝啬。他乐善好施，经常帮助乡里的百姓，因此赢得了大家的尊敬和爱戴。他的才能和贤名也逐渐传遍了齐国，齐王听说了他的事迹，便将他召到国都临淄，任命他为相国，负责主持国家的政务。

虽然来到了齐国身居高位，但是范蠡明白官场的复杂和危险，也明白自己作为一个布衣出身的人，能够达到这样的地位已经是非常难得的了。他担心久居高位会给自己带来不幸，于是决定再次急流勇退。他向齐王归还了相印，辞去了官职，并将自己的家产分给了知交和老乡，又再次离开了齐国。

范蠡的下一步是前往宋国的陶邑。这个地方位于"天下之中"，是经商的绝佳之地。范蠡运用他精湛的计然之术，开始在这里经营商业。他凭借着敏锐的商业嗅觉和出色的经营能力，很快就积累了大量的财富，再次成了巨富，所以大家都叫他为陶朱公。

范蠡的一生尽显非凡智慧，在越国的危难之际，他与勾践并肩，以坚韧不拔之志，共谋复国大业。范蠡不仅是军事上的谋士，更是经济恢复的推手，以民为本，精耕细作，用智慧与汗水浇灌出越国的繁荣。在外交与军事策略上，展现出高超的手腕，既懂得示弱以迷惑敌人，又能在关键时刻精准出击，终助勾践成就霸业。

然而范蠡的伟大不仅在于其功业之辉煌，更在于其对人性深刻的洞察与超脱的处世哲学。在权力与荣耀的巅峰，他选择了急流勇退，以一封书信，道尽君臣之义，亦显个人之志。他深知"共患难易，共富贵难"的道理，不愿成为权力斗争的牺牲品，更不愿见昔日战友重蹈覆辙，故以"飞鸟尽，良弓藏"之喻，警醒文种。

从齐国的相国之位到宋国的陶朱公，范蠡每一次都能准确把握时代的脉搏，顺应时势，进退自如。不仅是政治舞台上的智者，更是商业领域的巨擘，运用计然之术，积累巨富，却又能保持谦逊与慷慨，乐善好施，范蠡的一生正是对"知进退，明得失"的生动诠释。

范蠡

史笔昭彰

忠以事君，智以保身，千载而下，孰可比伦？

——李斯《山东肥城陶公幽栖祠"秦篆"碑刻》引

【译】忠诚地侍奉君王，智慧地保全自己，千百年来，谁能与他相比？

蠡有神鬼不测之机。

——文种（明·冯梦龙《东周列国志》引）

【译】范蠡拥有神鬼也无法预知的机智或策略。

范蠡三迁皆有荣名，名垂后世。臣主若此，欲毋显得乎！

——司马迁《史记·越王勾践世家》

【译】范蠡三次迁徙都获得了显赫的名声，他的名声流传后世。臣子和君主能像这样（和谐共处，各自成就），想不显赫可能吗！

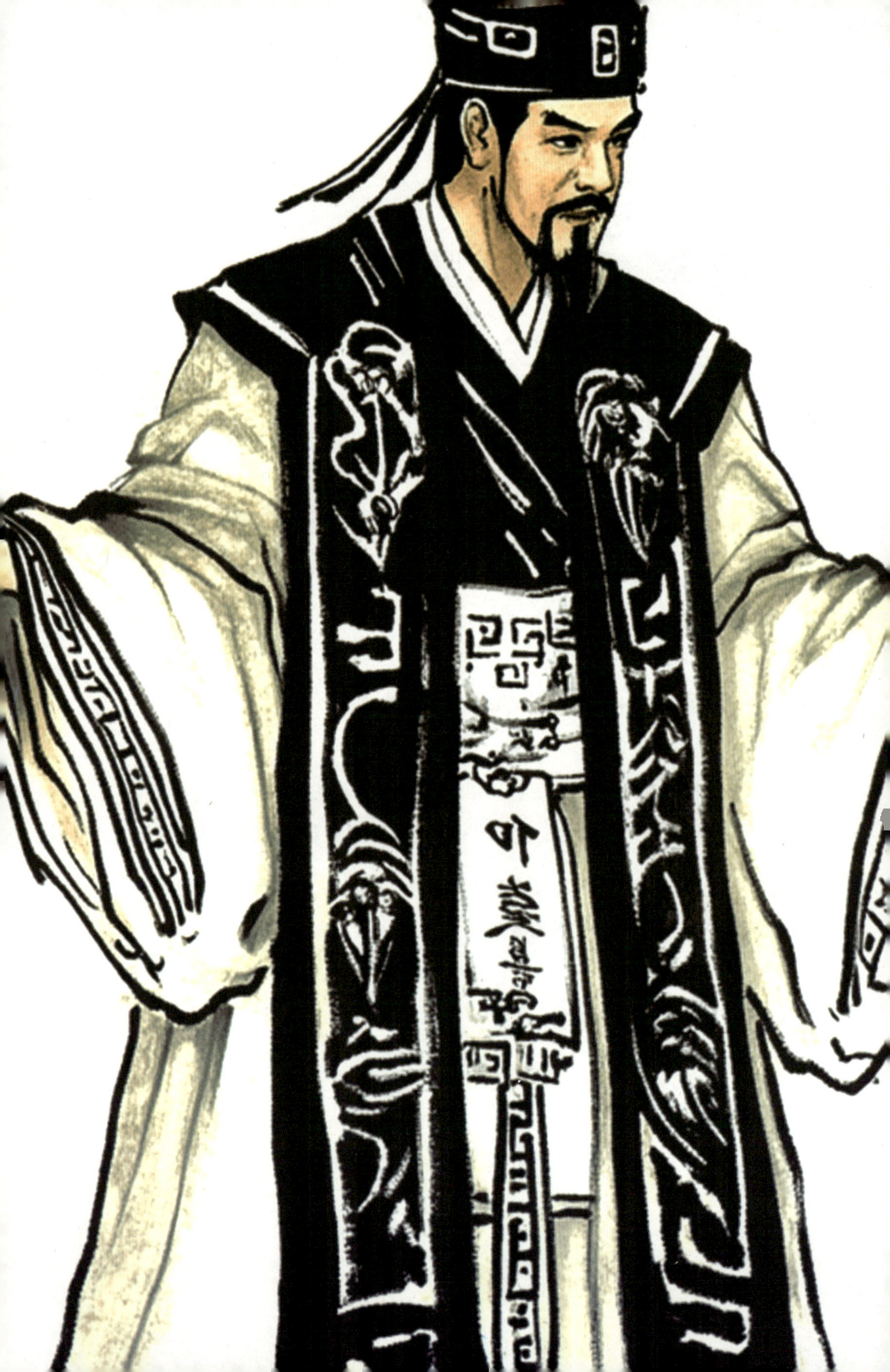

纵横捭阖，饶舌欺楚 ——张仪

他是以战国为棋的棋手
他是连横策略的倡导者与实践者
他是游走在列国间的舌战群儒者

少而颖悟

张仪,战国时期魏国人,虽然生卒年份已经不可考,但其一生波澜壮阔,以其智谋与辩才在战国政治舞台上留下了深刻的印记。他早年求学于鬼谷子,习得纵横之术,此后游历各国,寻求施展才华之机。在楚国的短暂停留并未获得重用,随后他转战秦国,以其独到的见解和出色的外交手腕,逐渐赢得了秦惠文王的信任与赏识,被委以国相重任,负责秦国的外交事务。

《拾遗记》中有这样的记载:张仪少年时候常常为他人抄写书籍,每当遇到新颖而深刻的句子,便会即兴将它们记录在手掌或大腿上。晚上回到家中后,张仪会利用竹片,细心地将这些临时的笔记雕刻下来,日积月累,这些竹片最终汇聚成了一部部珍贵的册子。

运筹演谋

张仪擅长洞察人心,利用各国的利益纠葛,巧妙地编织起一张张错综复杂的外交网,使得原本对立的势力,在他的斡旋下,或化敌为友,或自相残杀。在他的众多功绩中,"张仪欺楚"无疑是最为人所熟知的一幕。这一事件,不仅展现了张仪深不可测的智谋,更揭示了战国时期国际关系的复

杂与多变。通过这一事件，张仪成功地瓦解了楚国的防线，为秦国的东进策略扫清了障碍。

张仪欺楚

在战国时期，秦国逐渐崛起，意图通过扩张来增强自身实力。公元前313年，秦惠王想攻打齐国，但忌惮齐楚联盟的强大力量，于是决定采取外交手段来削弱这一联盟。他派遣了能言善辩的张仪前往楚国，希望通过游说来离间齐楚两国的关系。

楚怀王听说张仪来了，特别高兴，赶紧让人准备了最好的宾馆，还亲自去迎接他，说："孤毂中无有谋以对者，张子可有高见？"

张仪就开始忽悠了："若楚王听我所言，窃以为断齐也，楚王要是能毁与齐之盟，秦愿献上商於六百里土地给楚国，并进献美女数名，如此北制齐国，西靠秦国，不失为两全其美！"

楚怀王一听，乐坏了，当时就答应了。大臣们都来祝贺，只有陈轸说这事儿不靠谱儿，让楚怀王别上当。楚怀王一摆手："陈先生若还有话，等我拿到商於六百里之后再说吧。"

然后，楚国就跟齐国断交了，盟约也废了。楚怀王把相印给了张仪，还送了好多东西，又派了个将军跟着张仪去秦国拿地。

张仪回到秦国，故意从车上摔下来，说自己受伤了，三个月都没上朝。楚怀王一听，心想："张子应是觉得孤与齐国断交得不够彻底？"于是，他派了个人去齐国，借着宋国的符节去骂齐宣王。齐宣王一生气，就把符节给斩了，跟秦国结盟了。

秦齐结盟之后，张仪才上朝。他跟楚国的使者说："张仪有秦王所封的六里地，进献给楚王。"使者愣住了，说："我是来取张子在楚殿上说的商於六百里的土地，并非是封给张子的六里地。"

使者回去跟楚怀王一说，楚怀王气坏了，马上发兵去打秦国。结果，秦齐联军一起上，把楚国打得落花流水，还占了丹阳、汉中的地。楚国又派兵去，还是打不过，最后只好割了两座城给秦国，求和了事。

张仪这一招儿，不仅让楚齐联盟散了，还让楚国吃了大亏，为秦国以后统一天下铺平了路。楚怀王呢，就因为太相信张仪的话，上了大当。

张仪囚楚

秦惠文王十四年，也就是公元前311年，秦国看上了楚国的黔中地区，想拿武关以外的地跟楚国换。

楚怀王说："孤无意交换，只要张仪来楚。"秦惠文王心里犯嘀咕，不想把张仪送出去，可张仪自己倒挺主动，说："王上无需忧心，虽然楚王因为商於六百里恼怒于我，但秦强于楚，且臣与楚臣靳尚交好，他能向楚王的宠妃郑袖进言。楚王素来对郑氏言听计从，张仪便是保下了性命，即使最后没能活下，张仪之命换得黔中之地，也算是死得其所了。"

就这么着，张仪又去了楚国。楚怀王一看见他，立马就把他给扣了，打算杀了他泄愤。

这时候，靳尚赶紧去找郑袖，跟她说："夫人可知？夫人之宠或将不保。"

郑袖一惊，问："如何说得？"

靳尚说："秦王极看重张仪，正谋救

张仪画像

他。闻说欲以上庸六县之地，并秦国美女，献于楚王，以求与楚修好。此美女一至，必受楚王宠爱，夫人之地位恐将不保。不如我等为张仪说情，放他归秦，以维系秦楚之友好。"

郑袖一听，觉得有道理，就开始天天跟楚怀王吹风，说："张仪乃是秦之使臣，来出使乃秦对楚之尊重。我楚尚未有所回报，便先杀其使臣，岂不是自惹祸端？若秦王怒而兴兵，我楚岂能承受？臣妾愿携子女往江南避难，以免受秦之欺凌。"

楚怀王一听，也觉得自己做得有点儿过了，就放了张仪，还像以前一样待他挺好。而张仪这家伙，两次都用计谋把楚怀王给忽悠得团团转。

张仪离秦

秦惠文王十四年，张仪在回秦国的路上得知了一个消息，秦惠文王去世了，现在秦武王当了国王。

武王即位之后，任命嬴疾跟甘茂为秦相，就没有张仪的位置了。左相嬴疾，秦国的老臣，一向以稳健著称，对张仪的行事风格颇为不满。他常在朝堂上公开质疑张仪的忠诚度，说："张仪此人，口若悬河，却言而无信，以国家利益为筹码，换取个人荣华。若继续任用，秦国颜面何存？"嬴疾的话语，如同寒风中的利刃，直刺张仪的心窝。

右相甘茂，虽与张仪无直接恩怨，但身为新贵，他渴望在朝中树立自己的权威。见秦武王对张仪态度冷淡，甘茂也乐得顺水推舟，时常在武王耳边低语："大王，张仪之所以能在先王时期得宠，全凭巧言令色。如今大王英明神武，岂能被此等小人蒙蔽？"甘茂的言辞，无疑加深了秦武王对张仪的厌恶。

朝堂之外，诸侯国们也在密切关注着秦国的动向。一听说秦武王与张仪关系不和，各国君主蠢蠢欲动，开始重新评估与秦国的联盟关系。齐国，作为合纵联盟的核心，更是毫不犹豫地派来了使者，公开指责张仪的种种不是，企图借此机会瓦解秦国的外交布局。

张仪一看这架势，心里慌了，怕被杀掉，就赶紧跟秦武王说："大王，臣有一计，愿与大王共谋。"

武王就问："何计也？"

张仪说："大王若欲使秦更加强盛，必使东方诸国相互纷争，如此我秦方可趁机拓土。臣闻齐王对臣恨之入骨，臣若至何国，齐必兴兵攻之。臣愿往魏国，如此则齐必攻魏。待其战乱纷飞之时，大王可趁机伐韩，直取三川，再出函谷关，直逼二周。届时，周天子必献九鼎以求安，大王便可掌控天下，此乃成就霸业之良机也！"

秦武王一听，觉得张仪说得有道理，就给他准备了三十辆战车，让他去魏国了。张仪在魏国当了一年的魏相之后，病逝在魏国。

回顾张仪的一生，他不仅是秦国的功臣，更是战国时代智者的代表。从被误解窃玉而逐的弃人到张仪欺楚的惊世之举，到后续一系列精妙绝伦的外交策略，张仪以独特的智慧和胆识，为秦国的崛起和扩张立下了赫赫战功。

史笔昭彰

三晋多权变之士，夫言从衡强秦者大抵皆三晋之人也。夫张仪之行事甚于苏秦，然世恶苏秦者，以其先死，而仪振暴其短以扶其说，成其衡道。要

张 仪

之，此两人真倾危之士哉！

——司马迁《史记·张仪列传》

【译】三晋多出权宜变诈之士，那些主张合纵联合抗秦或连横亲附强秦的人，大都是三晋之人。张仪的行事其实比苏秦更加过分，但世人厌恶苏秦，是因为他死得早，而张仪大肆宣扬苏秦的短处以宣扬自己的主张，促成他的连横之术。总之，这两个人都是真正险诈的人啊！

张仪、公孙衍，岂不诚大丈夫哉！一怒而诸侯惧，安居而天下熄。

——孟子《孟子·滕文公上》

【译】张仪、公孙衍，难道不是真正的大丈夫吗？他们一发怒，连诸侯都害怕，他们安定下来，天下就太平无事。

张仪之狡诈，足以欺惑愚主；其辩才，足以倾动一时。然其所以能成功者，亦以秦之强而为之辅也。

——王夫之《读通鉴论·卷五·秦纪》

【译】张仪的狡诈，足够用来欺骗愚昧的君主；他的辩才，足以倾倒一时的世人。然而他之所以能成功，也是因为秦国的强大为他提供了辅助。

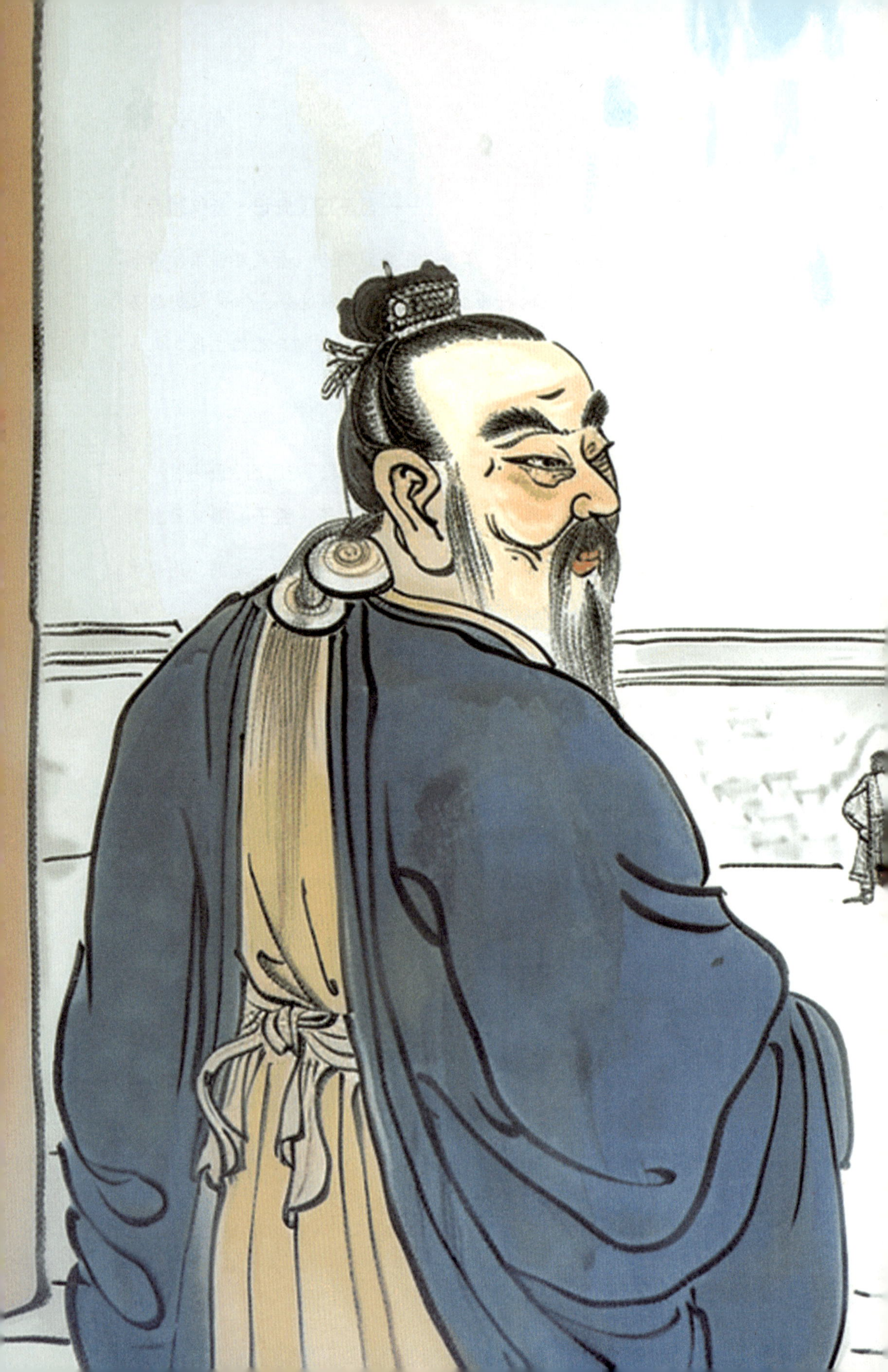

谋略纵横,饶舌谋国
——郦食其

他是智勇双全的谋士,以舌战群儒之姿,展露锋芒

他是洞察人心的智者,于纷繁局势中,寻得生机

他是忠肝义胆的臣子,为汉室江山,鞠躬尽瘁

中国古代谋士

少而颖悟

郦食其（？—公前204年），战国末期魏国雍丘县高阳里（今河南杞县高阳镇）人，家境贫寒却酷爱读书，因无产业自给，只能担任里门小吏。虽生活落魄，却以才学和不羁性格赢得"狂生"之称。秦末乱世，众多将领攻城略地，各路军队路过高阳的也有很多，但是郦食其因不满这些狭隘与斤斤计较的小人，所以选择隐逸，直至刘邦出现，他的命运才迎来了转机。

运筹演谋

郦食其之谋，不在于权谋术数，而在于对人心与世局的深刻把握。他善于从纷繁复杂的局势中抽丝剥茧，找到问题的关键所在，并以独特的视角提出解决方案。他的谋略，往往以简驭繁，直击要害，展现出极高的智慧与效率，使得他的话语更加具有说服力与感染力。

郦食其

探底魏营

在楚汉战争期间，公元前 205 年，刘邦在彭城之战中遭遇了项羽的重创，汉军大败，刘邦被迫退守荥阳。在这场战役中，刘邦的盟友魏王豹也遭受了打击，但魏王豹却选择了背叛刘邦，转而投靠项羽。这一背叛使得刘邦的处境更加艰难，他需要尽快解决魏王豹的威胁，以稳定自己的后方。他选择了一条带风险的策略，派遣郦食其去游说魏王豹，企图以和平手段化解危机，并慷慨地许下了万户侯的封赏。

郦食其来到了魏营之后，试图说服魏王豹回归刘邦的阵营，但遗憾的是，魏王豹以人生苦短、不愿再受刘邦之气为由，坚决拒绝了和谈的提议。郦食其的游说虽然未能直接促成和谈，但他带回的魏王豹的态度及魏国将领的信息，为刘邦接下来的决策提供了宝贵的情报。

刘邦在听取郦食其的汇报后，没有因魏王豹的背叛而愤怒失控，而是冷静地分析了魏国的将领配置。他逐一询问了魏将的情况，通过郦食其的描述，对魏国的军事力量有了深入的了解。韩信在得知情报后，也表现出了对魏王豹用人不明的轻蔑。魏国的将领虽各有才能，但在他和灌婴、曹参等汉军猛将面前，根本不堪一击。于是他决定发兵攻打魏国。

九月，韩信率领汉军发起了对魏国的猛攻。在韩信的巧妙布局和汉军的勇猛冲锋下，魏国军队很快土崩瓦解。魏王豹被俘，押解至荥阳，魏国地域尽归刘邦所有。这一胜利，展现了韩信的军事才能，也彰显了郦食其作为谋士在情报收集和战略分析方面的重要作用。

谏守敖仓

第二年秋天（公元前204年），项羽带兵攻打刘邦，一举拿下了荥阳。汉军被打得节节败退，只能跑到巩县、洛水那边去。没过多久，楚军听说韩信已经打败了赵国，彭越也在梁地不停捣乱，就只好分兵去应付。这时候，韩信还在东边忙着打齐国，刘邦呢，又在荥阳、成皋被项羽围得死死的。刘邦心想，这成皋以东的地方怕是要守不住了，不如退到巩、洛去，跟楚军对着干。

郦食其看不下去了，跟他说："大王须知，民是国之本也，民以食为天。敖仓乃天下之粮仓，粟米堆积如山。楚军既克荥阳，却不守敖仓，反而东去，仅留数罪犯守成皋。此岂非天赐良机于我？今楚军易击，而我军却要退，岂非弃利而弗之乎？再者，两雄不并立，楚汉相争久矣，百姓无所适从。大王当速出兵，复夺荥阳，据敖仓之粟，守成皋之险，扼太行、飞狐之口，把白马之津，使诸侯观形势，百姓自然知道归顺于谁。"

"且燕、赵已定，唯齐未下。田广据地广阔，田间领二十万大军屯于历城，田家宗亲皆能战。齐倚海为固，有黄河、济水为阻，南又与楚接壤，齐人多狡黠。大王纵使派遣再多兵马，一时亦难克之。不如臣往说齐王，使其归顺于我，为我东藩。"刘邦一听，觉得挺有道理，就说："可，如是行之。"于是郦食其即刻出使齐国去劝谏齐王。

说服齐王

刘邦听了郦食其的话，立马带兵又去守敖仓了，还派郦食其去齐国说服齐王田广。郦食其见到田广就问："大王，您知不知道现在天下人心所向是

郦食其

谁吗？"田广说："并不知晓。"

郦食其就告诉他："如果大王知晓，那么齐国就能保住；如果不知晓，那齐国可就危险了。"

田广一听，赶紧问："那到底人心所向是谁呢？"郦食其说："向着汉王刘邦。"田广不明白了，问为啥。郦食其就开始细数刘邦和项羽的事儿：人心所向是汉王刘邦。大王您可能还不太清楚，汉王和项王一起攻打秦朝时，曾约定谁先进入咸阳谁就当王。结果汉王先进入了咸阳，项王却反悔了，把汉王赶到了汉中。后来，项王还杀了义帝，汉王一听就怒了，带着兵马就跟项王打了起来。汉王待人宽厚，打了胜仗就赏赐将士，得了好处就分给大家，所以大家都愿意跟随他。现在汉王已经占领了敖仓，守住了关口，天下诸侯想要投降的都得趁早，不然就被汉王消灭了。

郦食其画像

郦食其说得头头是道，田广觉得挺有道理，就听了他的，把历下的守兵都撤了，跟郦食其天天喝酒聊天，也不想着打仗了。

可是韩信听说郦食其一兵没用，就拿下了齐国的七十城，心中不服气，趁着夜色袭击了没有设防的齐国，齐国被汉军打得节节败退，齐王希望郦食其去劝韩信退军，郦食其拒绝游说韩信，被齐王给烹杀了。

郦食其来到汉军的时候年纪已经很大了，但还是很快就展现出卓越的能

53

力，当汉军面临困境时，他力劝刘邦坚守敖仓，这一招不仅稳固了汉军的粮草，更为后续的反攻奠定了坚实基础。他亲自出使齐国，凭借出色的口才和深入的分析，成功说服齐王归顺，这一壮举无疑证明了他的外交才能和战略眼光。

然而命运总是充满变数。韩信的突然袭击，让郦食其最终也因此遭遇不幸，他以实际行动告诉我们，在乱世中，智慧和勇气同样重要，而策略的成功与否，往往取决于对时局的精准判断和对人心的深刻理解。

史笔昭彰

世之传郦生书，多曰汉王已拔三秦，东击项籍而引军于巩洛之间，郦生被儒衣往说汉王。乃非也。自沛公未入关，与项羽别而至高阳，得郦生兄弟。

——司马迁《史记·郦生陆贾列传》

【译】世上流传的郦食其的故事中，很多都说汉王刘邦已经攻占了三秦之地，向东攻打项籍，并将军队驻扎在巩县和洛阳之间时，郦食其穿着儒生的衣服前去劝说汉王。这其实是不对的。实际上，在沛公刘邦还没有进入关中，与项羽告别而前往高阳的时候，就已经遇到了郦食其兄弟。

恢恢广野，诞节令图。进谒嘉谋，退守名都。东窥白马，北距飞狐。即仓敖庾，据险三涂。辀轩东践，汉风载徂。

——陆机《汉高祖功臣颂》

【译】广阔的田野无边无际，孕育着宏伟的蓝图。他前去进献美好的计

郦食其

谋，归来后则守护着名城大都。向东可以窥见白马津的壮丽，向北则依仗着飞狐关的险峻。他管理着丰饶的粮仓，占据着三涂的险要之地。轻便的车驾向东行进，汉家的风范随之传播。

广野大度，始冠侧注。踵门长揖，深器重遇。

——司马贞《史记索隐》

【译】郦食其胸怀宽广，气度非凡，刚成年时就与众不同，引人注意。他登门拜访时行长揖之礼，刘邦却非常器重他，给予了他重要的待遇。

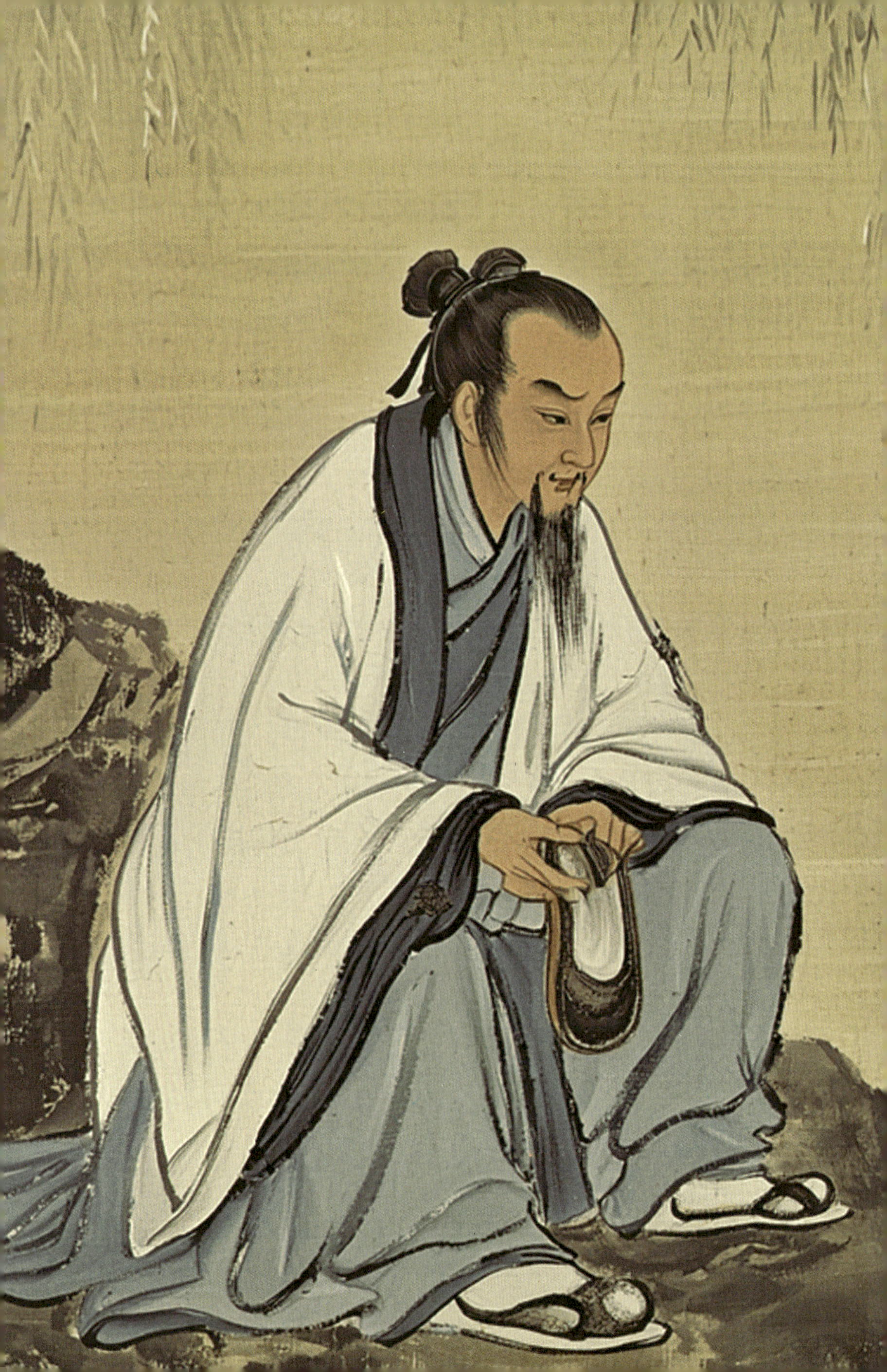

运筹帷幄，决胜千里

——张良

他是秦末汉初的韩国贵族

他和萧何、韩信并称为汉初三杰

他在项羽兵败后功成身退，跟韩信走向不同的结局

少而颖悟

张良（约公元前250年—公元前186年），字子房，秦末汉初时期杰出的谋士，出身于韩国贵族家庭，其祖父张开地、父亲张平均曾任韩国宰相。韩国灭亡后，年轻的张良未曾在朝任职，却倾尽家财，矢志抗秦，以求为故国复仇。

少年时候张良曾求学于淮阳，后与仓海君共谋刺秦大计，并觅得大力士，打造120斤大铁锤，伺机行动。秦始皇二十九年，张良于博浪沙埋伏，误击副车，刺杀未果，秦始皇很生气，全国抓捕刺客，后来因为无从查起，最终作罢，张良也因此逃脱。

运筹演谋

在刘邦与项羽的楚汉争霸中，张良扮演的角色与萧何、韩信有很大的差别，萧何是后勤总管，韩信是独领一方面军，而张良是为刘邦提供更多谋划跟方向上的内容。他善于洞察人心，能够准确地把握刘邦和项羽的性格特点，从而制定出相应的策略。同时，他还能够预见未来的形势变化，为刘邦提供前瞻性的建议。

张良

鸿门宴

秦朝末年，天下大乱，群雄并起。秦二世三年十二月（公元前 208 年 12 月-前 207 年 1 月），项羽在巨鹿之战中大破秦军主力，随后率诸侯军进入关中。刘邦则趁机攻占咸阳，推翻了秦朝的统治。按照楚怀王"先入关中者王之"的约定，刘邦本应成为关中之王。但是项羽却因嫉妒刘邦的先入之功，不愿让其称王，反而设计了一场鸿门宴，企图借机除掉刘邦。

项羽的叔父项伯，因与张良的旧交情，秘密前往刘邦营地，透露了曹无伤的背叛。张良立刻将消息转达给刘邦，并提议面见项伯，以诚意化解误会。刘邦听后，心中虽惊涛骇浪，表面却镇定自若，决定亲自出马，以谦卑之姿，向项伯解释原委，并巧妙提出联姻之议，缓和紧张局势，刘邦的诚恳，让项伯动容，承诺将为其斡旋。

次日刘邦轻车简从，仅携张良、樊哙及百余骑，冒险踏入楚营。面对项羽的威严，刘邦先述旧情，再表忠心，将先入关中之事解释为静待项羽接管，绝非有意僭越。项羽听后，心中虽有疑虑，但也被刘邦的诚恳所打动，加之项伯的从中斡旋，气氛逐渐缓和。

但是宴无好宴，范增作为项羽的谋士，洞悉刘邦野心，屡次暗示项羽采取行动，未果后，索性密令项庄舞剑，意图借机除去刘邦。项伯见状，立刻拔剑相迎，二人剑影交错，暗流涌动。张良很快就看清了眼下的形势，悄悄寻得樊哙，急令其入内护主。樊哙勇猛异常，闯入帐中，一番慷慨陈词，既颂扬刘邦之功，又直斥项羽之疑，其气势之盛，令项羽也不得不刮目相看。

趁此机会，刘邦以如厕为由，与樊哙、张良密谋脱身之计。一番周密安排后，刘邦在樊哙的掩护下，悄然离席，留下张良善后。

暗度陈仓

鸿门宴之后，项羽凭借强硬的手段自封为西楚霸王，定都彭城，统管梁、楚九郡，并且按照战功分封诸侯，却违背了先前的约定，将刘邦封至偏远贫瘠的巴蜀之地，称为汉王，同时将关中肥沃之地分割给秦的降将，意图阻挠刘邦的北上之路。刘邦虽心生不满，但在萧何与张良的劝说下，选择了暂时的隐忍。

分封之后张良准备回韩国辅佐韩王，刘邦感谢张良的贡献，给了张良重金感谢，张良却将重金都转赠给项伯，请求其为刘邦争取更多的领地。项伯贪财忘义，欣然前往说服项羽，使刘邦得以在南郑立足，拥有了巴、蜀、汉中三郡的根基。

随后张良随刘邦行至褒中，面对险峻的地势，他提出了一个巧妙的计策。他建议刘邦在汉军通过后，烧毁所有的栈道，以此向项羽展示自己无东进之意，降低其戒备心，同时也可防范其他势力的偷袭。刘邦采纳了这一建议，在汉军通行之后一把火将栈道化为灰烬，项羽也认为刘邦没有东出的想法。

在汉中，刘邦励精图治，整备军力。不久，他采纳了大将韩信的计谋，避开敌人的正面防线，从隐蔽的小道"暗渡陈仓"，在陈仓出其不意地击败了雍王章邯等三王，一举夺取

张良画像

张　良

了关中这块宝地。速战平定三秦，不仅展现了韩信的军事才能，也同样彰显了张良谋略的深远与精妙。

项羽得知刘邦平定三秦的消息后，大为震怒，准备发兵反击。张良早已预见到了这一点，他巧妙地利用书信蒙蔽项羽，声称刘邦并无东进之意，同时又将齐王田荣的谋叛之事告知项羽，成功地将楚军的注意力引向东方。项羽果然上当，转而北击齐地，放松了对关中的警惕，为刘邦赢得了宝贵的休养生息之机。

但是不久之后，项羽杀死了韩王成，使张良的复韩之梦破灭。张良在躲过楚军的追捕后，终于回到了刘邦的身边，并受封为成信侯。

下邑奇谋

汉高祖二年（公园前205年）春，刘邦势如破竹，接连收纳了常山王张耳、河南王申阳等五位诸侯，兵力骤增至五十六万之众。同年四月，他瞅准项羽深陷田荣之战的契机，亲率大军直逼楚都彭城。胜利的果实让刘邦迷失了方向，他沉迷于庆功宴饮，忽略了稳固战果的重要性。

项羽闻讯大怒，亲率三万精锐，抄小路疾驰而归，誓要夺回彭城。刘邦的军队虽众，却如一盘散沙，难以统一指挥，连粮草都供应不上。两军交锋，刘邦大军一触即溃，几乎全军覆灭。诸侯们见状，纷纷倒戈相向，刘邦的家人也被俘虏，他只得与张良等数十人仓皇逃窜。

逃至下邑，刘邦心灰意冷，对群臣说："如今若是谁能助我破楚，我便与此人平分关东之地。"这时候张良提出了一个精妙绝伦的计策。他分析道："九江王英布与项羽已有嫌隙，彭城之战时更是按兵不动，项羽对他怨恨极深；彭越因未得封地，对项羽早有不满，且曾助田荣反楚；而韩信则是我们手中的一张王牌，他智勇双全，可堪大任。大王若能争取到这三人的支持,破楚便指日可待。"

刘邦听后,豁然开朗,当即决定派遣隋何去说服英布,同时遣使联络彭越,又命韩信率军北伐燕赵,以壮大汉军实力,从侧翼包抄楚军。张良的这番谋划,虽非全面战略,却成为刘邦扭转战局的关键。在他的精心布局下,一个联合诸侯、共抗项羽的军事联盟悄然形成,汉军也由此从被动防御转为主动进攻,最终为围歼项羽于垓下奠定了基础。

楚汉争霸从某种意义上来说,是张良与项羽的眼界之争。两人都同样有着不凡的身世,张良出身于三代为韩相的韩国贵族,项羽是楚柱国项燕的后人,反观刘邦确是个乡野的流氓,两人在开始都希望推翻暴秦,为自己的国家覆灭复仇,但是当咸阳告破后,两人却走向了不同的使命,张良身前的刘邦建立了新的国家,而项羽却在过往的分封中走向四面楚歌的垓下。

史笔昭彰

夫运筹策帷帐之中,决胜于千里之外,吾不如子房。镇国家,抚百姓,给馈饷,不绝粮道,吾不如萧何。连百万之军,战必胜,攻必取,吾不如韩信。此三者,皆人杰也,吾能用之,此吾所以取天下也。

——司马迁《史记·高祖本纪》

【译】在营帐之中出谋划策,使得千里以外的战争获得胜利,我比不上张子房(张良)。镇守国家,安抚百姓,供给粮饷,保证运粮道路不被阻断,我比不上萧何。统率百万大军,战则必胜,攻则必取,我比不上韩信。

张　良

这三个人都是人中的俊杰，我能够重用他们，这就是我能够取得天下的原因。

　　智足决疑，量足包荒，才足折冲御侮，德足辅世长民，皇帝从筹，百僚允若，炎汉万民之鸿庥；辟谷仙游，功成身退，乃平生心事之了了。元勋之首冠也。

——陈平《留侯赞》

　　【译】智慧足够解决疑难问题，气度足够包容（他人的）过失，才能足够抵御外侮、战胜敌人，品德足够辅佐君王、统率百姓。皇帝听从他的谋划，百官也都认可，他是炎汉万民的巨大福祉；他辟谷修行、如同仙人般游历四方，功成之后身退，这是他一生心愿的圆满实现。他是开国功臣中首屈一指的人物。

　　学者多言无鬼神，然言有物。至如留侯所见老父予书，亦可怪矣。高祖离困者数矣，而留侯常有功力焉，岂可谓非天乎？

——司马迁《史记·留侯世家》

　　【译】很多学者都说没有鬼神，但却说有奇异的事物存在。就像留侯张良遇见的老者赠书一事，也真是奇怪啊。高祖皇帝多次脱离险境，而张良每次都起到了关键作用，这难道能说不是天意吗？

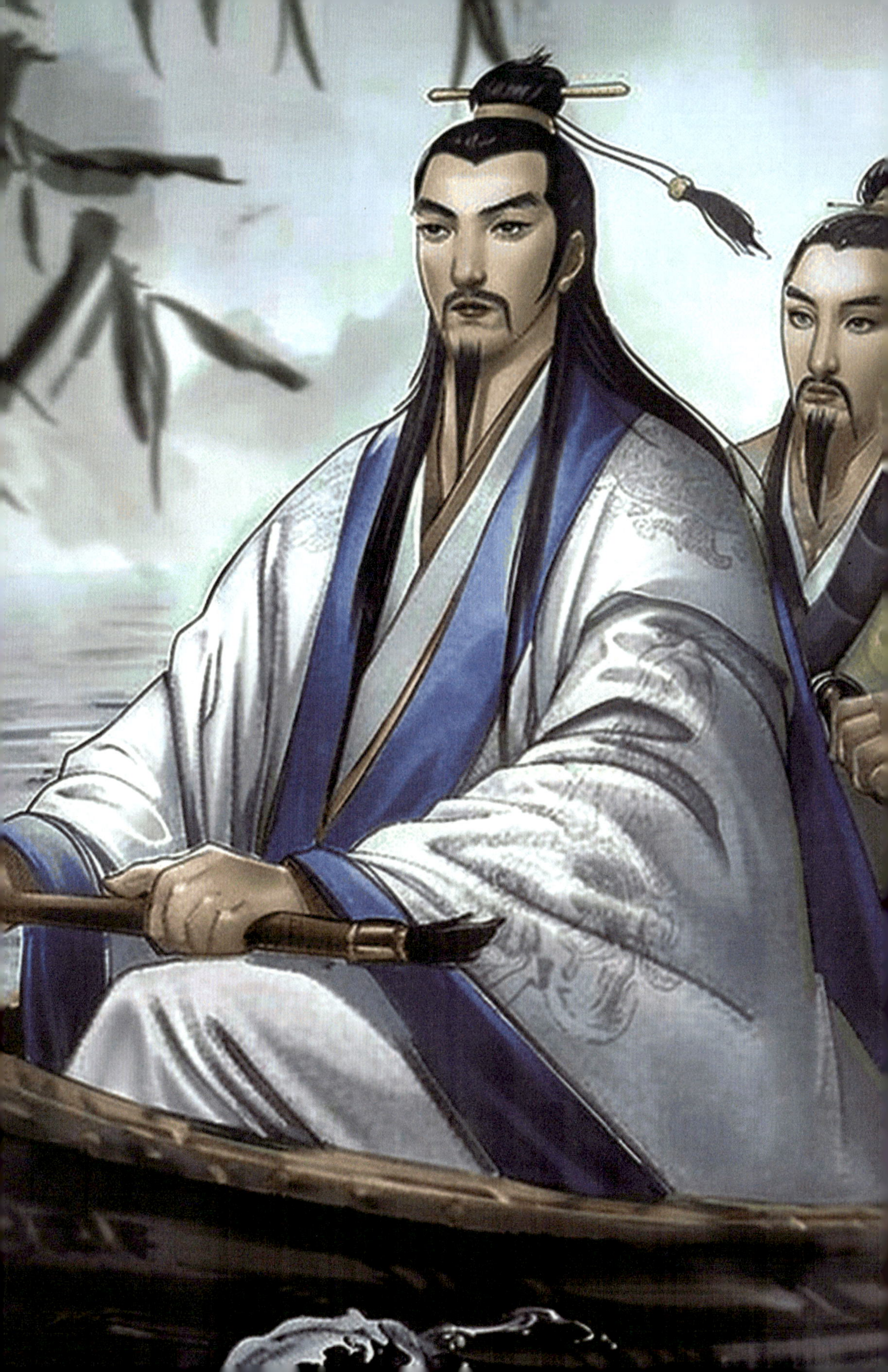

智谋卓著，由项归刘——陈平

他先后辅佐过项羽和刘邦，他是西汉初年的杰出谋士，以智计著称，屡出奇策，他是刘邦麾下的重要辅臣，为汉朝的建立与巩固立下了汗马功劳。

少而颖悟

陈平（？—公元前178年），字孺子，生于秦末汉初的阳武县户牖乡（今河南原阳东南）。虽然陈平自幼家境贫苦，却志向远大，他不喜农耕，而喜交游。兄长陈伯知道他的志向，就独自承担家中农务，使陈平得以专心游学。

由于他不喜农耕，不愿被田间的劳作所束缚，这引来了嫂嫂的不满与嫌弃。陈伯作为兄长，对于嫂嫂的短视行为极为愤怒，决定休妻，以维护陈平的尊严。

年少时的陈平，就展现出了过人的智慧与公正。在社祭活动中，他被推举为社宰，负责分配祭肉，将肉分得恰到好处，赢得了乡亲们的广泛赞誉，也让他在心中种下了主宰天下的种子，誓要以自己的智慧，改变这个世界的格局。

当陈平到了婚龄时，却因家境贫寒而遭遇困境。在那个看重物质的时代，很少有人愿意将女儿嫁给一个穷小子。但幸运的是，陈平遇到了张负这位慧眼识珠的富人。张负看中了陈平的潜力与才华，不顾儿子的反对，决定将孙女嫁给他，并慷慨资助他的婚事。婚后，陈平的生活逐渐改善，资财渐丰。他利用这些资源，广泛交游，结识了许多志同道合的朋友和志同道合的士人。

陈 平

运筹演谋

陈平的智谋，体现在他对人心的深刻洞察上。他善于从细微处观察人的言行举止，从而准确判断其内心的想法和意图。这种能力使得他在与人交往中，总能找到最合适的沟通方式，达到自己的目的。同时，陈平还擅长利用人性的弱点，巧妙地引导对手做出对自己有利的决策。

弃楚投汉

公元前209年，大泽乡起义的烽火燃起，陈胜一举立魏咎为魏王，陈平见状，辞别兄长，前往临济投奔魏王。但是时局多变，陈平后又转投项羽麾下，以其智谋助项羽攻秦破关，荣获卿爵。鸿门宴上，项羽遣陈平追回刘邦，却未能如愿。

时光荏苒，至公元前205年春，刘邦东征项羽，殷王司马卬背叛楚军投汉。项羽怒而封陈平为信武君，令其率魏王咎之宾客攻司马卬。陈平不负所望，战胜归来，项羽更赐金二十镒以示嘉奖。然好景不长，汉军东征再下殷地，项羽迁怒于陈平等人，欲加害他。陈平机敏过人，察觉危机，遂挂印封金，悄然离去。

陈平逃至黄河之畔，求船夫助其渡河。船舱中突现另一船夫，陈平心中一凛，恐遭水盗图财害命。他迅速脱下衣物，掷于船上，赤膊上阵，与船夫共划船桨。船夫见其腰间无物，衣物落地亦无声响，知其并无贵重之物，遂

打消恶念。陈平以智化解危机,安然渡河。

抵达修武后,陈平经魏无知引荐,得见刘邦。两人相谈甚欢,共论天下大势。刘邦慧眼识珠,破例任陈平为都尉,令其随侍左右,并委以监护三军将校之重任。此举却引来了将领们的不满与诋毁,纷纷指责陈平行事不端,贪图贿赂。

刘邦心生疑虑,召陈平质问其忠诚。陈平答道:"臣如一件利器,用之则利,不用则钝。魏王不能用臣,臣去之;霸王不信臣,臣亦去之。今闻大王善用人,故不远千里来投。臣身无长物,唯受人之赠以度日。若大王疑臣,臣愿交出所有,乞求一条生路,归老故乡。"刘邦听后,疑虑顿消,对陈平刮目相看,提拔为护军中尉,专司监督诸将。

陈平画像

离间计

公元前203年,楚汉相争如火如荼,刘邦被困荥阳,外援断绝,粮草不继,局势危急,只能无奈求和,项羽却拒不接受,刘邦为此忧心忡忡。此时,陈平为刘邦献上一计。

陈平建议刘邦从库中取出四万斤黄金,秘密买通楚军中的部分将领,让他们散布谣言,声称范增和钟离昧虽功勋卓著,却未能裂土封王,心中不满,已与汉王暗中勾结,图谋共灭项羽,瓜分其疆土。这些流言蜚语很快便传到了项羽耳中,他对钟离昧产生了怀疑,从此不再与其商议军国大事。而对于范增,项羽的疑心更是与日俱增。

为了彻底离间项羽与范增的关系,陈平又精心策划了一场戏。当项羽的使者来到汉营时,陈平故意让侍者准备精美的餐具,热情款待,并询问范增

陈　平

的近况，极尽赞美之词。然而，当使者表明自己是项羽所派时，陈平却故作惊讶，随即撤去佳肴，改以粗茶淡饭相待，态度也变得冷淡起来。使者受此屈辱，愤然返回楚营，将所见所闻一一告知项羽。项羽听后，更加坚信范增已背叛自己。

范增见项羽对自己态度大变，心中明白遭谗言所害。他向项羽建议加紧攻城，却被项羽拒绝。范增知道自己已失去信任，便请求告老还乡。项羽冷漠应允，还派人护送。范增一路唉声叹气，郁郁寡欢，行至彭城时，因背上生出毒瘤，一病不起，最终含恨而终。就这样，项羽麾下唯一的著名谋臣，在陈平的巧妙计策下，被轻易地除去了。

四面楚歌

公元前203年11月，汉军大将韩信在齐地屡战屡胜，军势如日中天。而刘邦则因受伤，在广武与楚军对峙，双方僵持不下。就在这时，韩信派遣使者前来，请求刘邦封他为假齐王。刘邦一听，怒火中烧，当即怒斥使者，直言自己身处困境，盼韩信来援，他却要自立为王。

刘邦身旁的陈平与张良迅速交换了眼神。他们知道韩信的重要性，若处理不当，恐引发兵变，使汉军陷入三面受敌的境地。于是陈平在桌案下轻轻踢了刘邦一脚。刘邦机敏地察觉到了暗示，瞬间收敛怒气，改口道："大丈夫平定诸侯，要做就做真王，何必假王之名！"随即，他顺水推舟，正式封韩信为齐王，稳住了这股关键力量，避免了汉军的分裂。

韩信也深感刘邦的宽容与信任，从此更加忠心耿耿。无论后来有多少人试图劝说韩信背叛汉军，他都念及刘邦的恩情，始终未动摇。

同年8月，楚汉双方划定了"楚河汉界"。9月，陈平凭借其敏锐的洞察力，发现项羽已陷入困境。他向刘邦进言："如今我们已占据大半天下，诸侯纷纷归附。而楚军则疲惫不堪，粮草将尽。这正是天赐良机，若不趁机灭楚，必将养虎为患。"

刘邦听取了陈平的建议，毅然决定发兵攻打项羽。经过数月的激战，至公元前202年12月，项羽的军队被汉军围困在垓下。汉军采用"十面埋伏"之计，在垓下的四周唱起了楚歌，项羽的士兵都是楚国人，家乡的歌曲让他们想起自己已经很久没有回家了，士气很快就变得低沉，刘邦趁势彻底击溃了项羽的军队。项羽无奈退至乌江，最终自刎而亡。

陈平的计策，不仅成功稳固了汉军的内部团结，更最终击败项羽、为统一天下奠定了坚实基础。至此，长达四年的楚汉战争终于落下帷幕。

从暗助刘邦封韩信为真王，稳固汉军内部，到力劝刘邦乘胜追击项羽，终致其败亡，陈平的每一次谋划，都体现了他对时局的精准把握和对人性的深刻洞察。

他的谋略，不拘泥于一城一池的得失，而是着眼于天下的格局与走势。在复杂的政治斗争中，他能够保持清醒的头脑，以超凡的智慧化解矛盾，为刘邦的统一大业扫清障碍。他的计策，往往看似平淡无奇，实则暗藏玄机，能够在关键时刻扭转乾坤。

史笔昭彰

陈平智有余，难独任。

——司马迁《史记·高祖本纪》

陈　平

【译】陈平智谋有余，但难以独自担当重任。

陈平之志，见于社下，倾侧扰攘楚、魏之间，卒归于汉，而为谋臣。及吕后时，事多故矣，平竟自免，以智终。

——班固《汉书·张陈王周传赞》

【译】陈平的志向，在社下祭祀时显露出来，他在楚、魏之间奔波流离，最终归附汉，成为谋臣。到了吕后执政时期，事情多有变故，但陈平最终能够自我保全，凭借智慧安度晚年。

曲逆宏达，好谋能深。游精杳漠，神迹是寻。重玄匪奥，九地匪沈。伐谋先兆，挤响于音。奇谋六奋，嘉虑四迥。规主于足，离项于怀。格人乃谢，楚翼实摧。韩王窘执，胡马洞开。迎文以谋，哭高以哀。

——陆机《汉高祖功臣颂》

【译】曲逆（指陈平）志向远大，善于深谋远虑。他的精神遨游于深邃莫测的境地，追寻着神奇的踪迹。深奥的道理并不觉得奥妙，九泉之下也不算深沉。他善于用谋略预先洞察敌情，从细微的声响中判断形势。他六次出奇制胜，四次展现出深远的忧虑（或四次提出嘉谋）。他为主公（刘邦）规划大计，使项羽离心离德。他使敌人屈服，楚国的势力实际已被摧毁。韩王被困被俘，胡人的兵马被彻底击溃。他迎接文帝登基是凭借智谋，为高祖哭丧则表现出深深的哀痛。

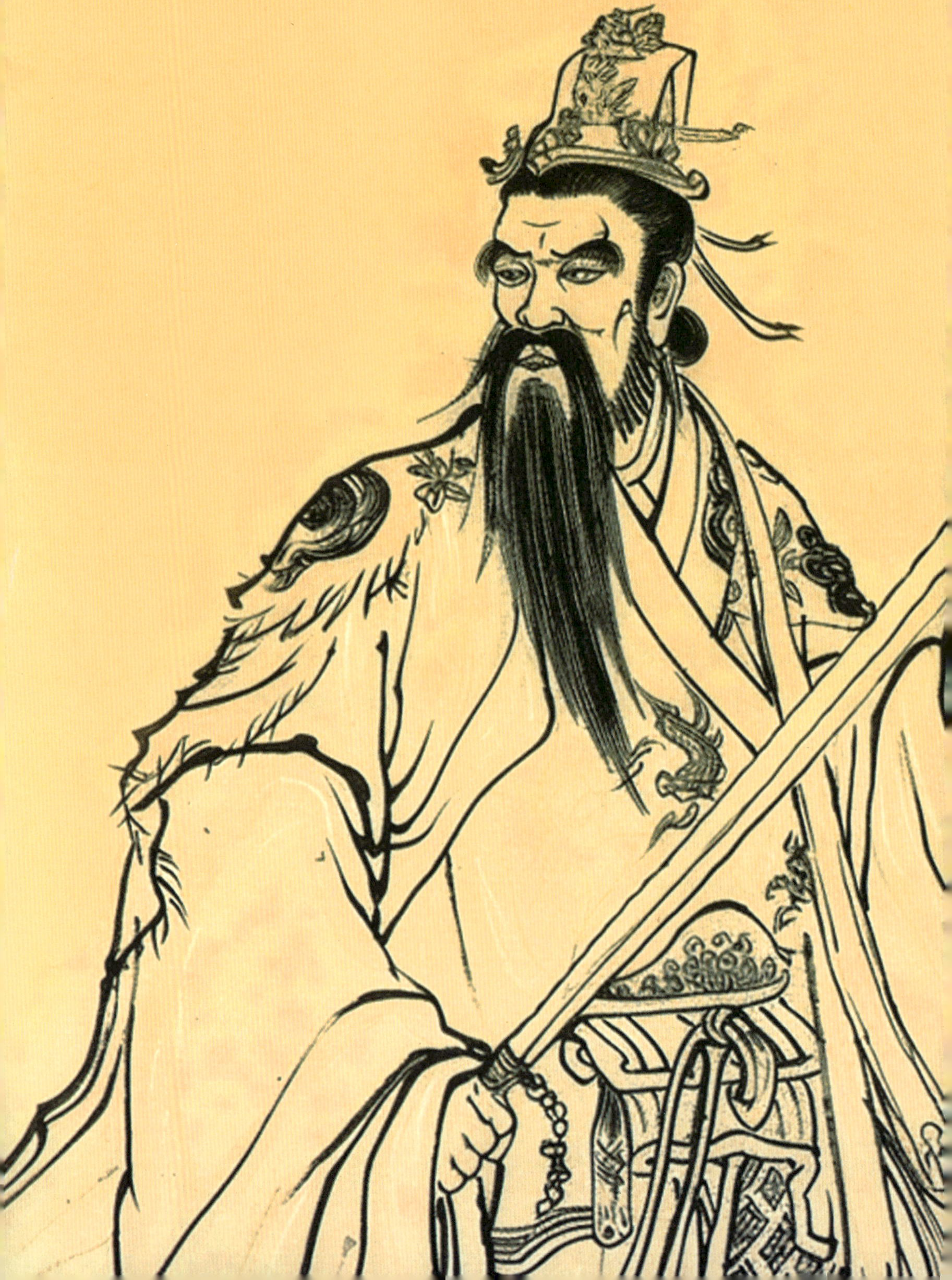

云台之首,策马谋国 —— 邓禹

他是东汉初年的杰出谋士,以精准的判断著称

他是光武帝刘秀的重要辅臣,为东汉王朝的建立立下汗马功劳

他是『云台二十八将』之首,后世对其谋略与功绩赞誉有加

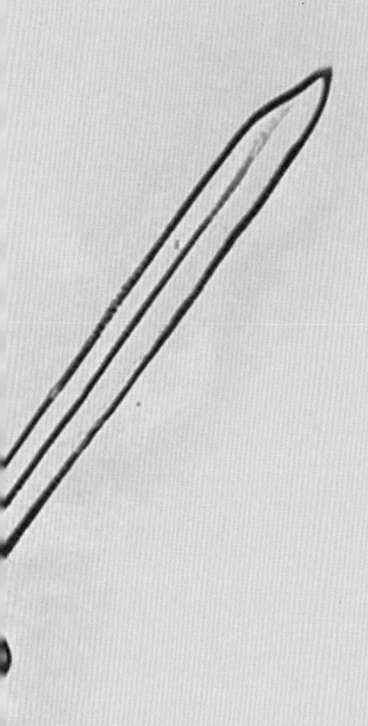

少而颖悟

邓禹（2年—58年），字仲华，南阳新野（今河南新野）人，生于东汉初年一个官宦世家。自幼聪明好学，对兵法、历史有着浓厚的兴趣。

十三岁时，他便能熟练朗诵诗篇，并前往长安求学，与同样在京师游学的刘秀结缘。尽管年少，但邓禹眼光独到，一眼便看出刘秀非池中之物，遂与他结下深厚友谊。数载寒窗苦读后，邓禹返回家乡。及至汉末乱世，更始帝登基，众多英雄豪杰纷纷向邓禹抛出橄榄枝，但他皆婉拒不从。

直到听闻刘秀在河北安定局势，邓禹毅然决然驱马北渡黄河，一路追至邺县，只为与故友并肩作战。刘秀对邓禹的到来喜出望外，问及来意，邓禹坦言自己并非为求官而来，而是愿助刘秀威德四海，共图大业，垂名青史。刘秀闻此言，不禁爽朗大笑，对邓禹的志向与情谊深感钦佩。

运筹演谋

邓禹具备超凡的战略眼光，能够在纷繁复杂的局势中洞察未来，为刘秀规划出长远且可行的战略蓝图。邓禹的谋划注重实际，善于结合实际情况制定策略，在进行战略部署时，总是充分考虑各种实际因素，确保计划的可行

性和有效性。邓禹擅长运用心理战术，能够准确把握对手和盟友的心理变化，从而制定出相应的应对策略。

引兵西进

公元25年，建武元年正月，邓禹统率大军穿越太行山的巍峨，突破箕关的险峻，直指河东之地。面对河东都尉的固守，邓禹历经十日激战，终于攻破城池，缴获了丰富的军资粮草。随后，他挥师安邑，虽历经数月围攻却未能克城。此时，更始大将军樊参率数万精兵，跨越大阳河而来，意图夹击邓禹。邓禹冷静应对，派遣诸将在解南布下战阵，一场激战之后，樊参败亡于阵前。

王匡、成丹、刘均等敌军将领，见樊参已败，便合兵一处，共计十余万大军，向邓禹发起猛烈攻势。初战之中，邓禹军稍显不利。夜幕降临，双方暂时休战。军师韩歆与众将鉴于士气受挫，提议趁夜撤退。邓禹却力排众议，指出王匡之军虽众，但战斗力并不强。于是，他利用一夜时间，重新整顿军马，调整战术部署。

次日清晨，王匡倾巢而出，意图一举击溃邓禹。邓禹却命令全军保持镇静，坚守阵地不出击。当王匡大军逼近营垒时，邓禹突然击鼓，全军如猛虎下山般冲出，向敌军发起猛烈反击。王匡军措手不及，瞬间崩溃，王匡等将领纷纷弃军而逃。邓禹乘胜追击，俘获了刘均、河东太守杨宝及持节中郎将弭

邓禹画像

强,将他们斩首示众,并缴获了大量的节杖、印绶和兵器,至此,河东之地得以平定。

同月,刘秀在鄗邑登基称帝,他派遣使者携带诏书,封邓禹为大司徒,并高度赞扬了邓禹的忠孝与智谋。诏书中提到,邓禹不仅在战场上屡建奇功,更在幕后运筹帷幄,决胜千里。刘秀还特别强调了邓禹作为司徒,应负责教化百姓,推行五常之道,而邓禹这个时候才二十四岁。

顾全大局

公元26年初,河东平定之后,邓禹面临着是否直接进攻长安的抉择。部众们跃跃欲试,纷纷劝他趁机入关。邓禹展现出了他作为谋士的沉稳与远见,他分析道:"我军虽众,但战斗力强的并不多,且前方无积蓄,后方无转运。赤眉军新占长安,财富充盈,士气如虹。但盗贼毕竟难以长久团结,财富虽多,也难保无变。我们不如先取上郡、北地、安定三郡,那里地广人稀,资源丰富,可暂作休整,再寻机进击。"于是,邓禹率军北上,所到之处,赤眉军的营垒纷纷被破,郡县望风而归。

刘秀见关中未定,邓禹又迟迟未进兵,心中焦急,遂下诏催促。诏书中言辞恳切,将邓禹比作尧,将赤眉比作桀,期望他能尽快安定西京,以安民心。然而,邓禹并未因此改变初衷,他继续坚持自己的战略,派军攻取上郡诸县,并留下冯愔、宗歆守枸邑,自己则率主力平定北地。

不料,冯愔、宗歆二人因争权而反目,最终冯愔杀了宗歆,并反戈一击,向邓禹发起进攻。邓禹临危不乱,遣使向刘秀求计。刘秀问明情况后,断定冯愔与护军黄防不能长久和睦,于是授计于邓禹,让他静待黄防之变。果然,不久后,黄防便抓住了冯愔,率部归降。更始诸将如王匡、胡殷等也纷纷投降,与宗广一同东归。

邓 禹

邓禹的威望虽因冯愔的反叛而受损,但他并未因为这些原因影响判断。公元26年春,刘秀改封他为梁侯,以示嘉奖。此时,赤眉军已西走扶风,邓禹才率军南至长安,驻军昆明池。他大宴士卒,沐浴更衣,斋戒祭祀,收拢了十一帝的神主,派使者送往洛阳,并巡视园陵,安置官吏士卒守陵。

但是邓禹的征程并未就此结束。他与延岑在蓝田交战,虽未取胜,但仍坚持战斗。汉中王刘嘉前来投降,却因相李宝的傲慢无礼而被邓禹处死。李宝的弟弟愤而起兵反击,杀了将军耿欣。赤眉军也再次返回长安,与邓禹展开激战。邓禹虽屡战屡败,但始终未曾放弃。他驱饥饿之兵征战,虽常不利,却仍坚守岗位,尽职尽责。刘秀见状,心疼不已,遂下诏让他回来休息,并安慰他说:"赤眉缺粮,自会东来,我只需折断马鞭就能打败他们。你无须忧虑,不要再轻易进兵了。"之后邓禹才班师。

交战失利

公元27年春,邓禹率领着他的部队抵达了湖县,这里地处陕西潼关之东,是迎战赤眉军的关键之地。他邀请冯异共同商讨对敌之策。冯异根据当前的战局,提出了一个稳健的战略:"赤眉军势正盛,吾等不宜与之硬撼。莫若任其过去,而后吾军于东西两侧同时夹攻,如此方可取胜。"

邓禹和他的部将邓弘,急不可耐地想要建功立业。邓弘率领着自己的部队,如同脱缰的野马,冲向了赤眉军。那一天,战斗异常激烈,双方你来我往,杀得难解难分。赤眉军似乎不敌,开始败退,他们丢弃了辎重,车上却巧妙地装满了泥土,只在表面覆盖了一层薄薄的豆子。邓弘的士兵们见状,纷纷冲上前去抢夺食物,却没想到这正是赤眉军的诡计。

赤眉军趁此机会,突然反击,如同猛虎下山,邓弘的部队瞬间崩溃,大败而逃。邓禹和冯异见状,急忙合兵一处,前来救援,但赤眉军士气如虹,他们只能勉强将赤眉军击退。邓禹并未因此收手,他再次组织进攻,却遭遇了更惨重的失败。3000多名将士血洒战场,邓禹自己也只带着24骑狼狈逃回宜阳。冯异同样未能幸免,他被迫丢弃了战马,徒步逃回,最终在回豁阪坚守阵地,以防御赤眉军的进一步追击。这场战役的失利,让邓禹深感自责,主动上交了大司徒、侯印绶。

邓禹的谋士生涯,是以身试战,以谋定策,展现了卓越的军事才能和长远的战略眼光。在烽火连天的岁月里,他既能冷静分析局势,提出稳健的战略建议,又能在关键时刻挺身而出,亲自率军冲锋陷阵。

他有过辉煌的胜利,如平定河东、收复长安,也有过惨痛的失败,如湖县之战的大败,因为真正的智慧不仅仅在于能运筹帷幄,更在于面对复杂多变的战局时,能够保持清醒的头脑,从而做出正确的决策。

史笔昭彰

元侯渊谟,乃作司徒。明启帝略,肇定秦都。勋成智隐,静其如愚。

——范晔《后汉书·邓寇列传》

【译】如深渊般深邃且有谋略,于是被任命为司徒这一要职。他明智地辅佐帝王,开创了帝业,并最初奠定了秦朝的都城。功勋成就后,他智慧内敛,表现得平静而如同愚钝之人。

邓　禹

深执忠孝，与朕谋谟帷幄，决胜千里。

——范晔《后汉书·邓寇列传》

【译】他深深地秉持着忠孝之道，与我在帷幕之中共同谋划，能够决胜千里之外。

汉光武得邓禹，门人益亲。今我有玄龄，犹禹也。

——欧阳修等《新唐书·房玄龄传》

【译】汉光武帝刘秀得到了邓禹，他的门客和追随者就更加亲近（或说更加团结、更有信心）。现在我有房玄龄，他就像邓禹一样啊。

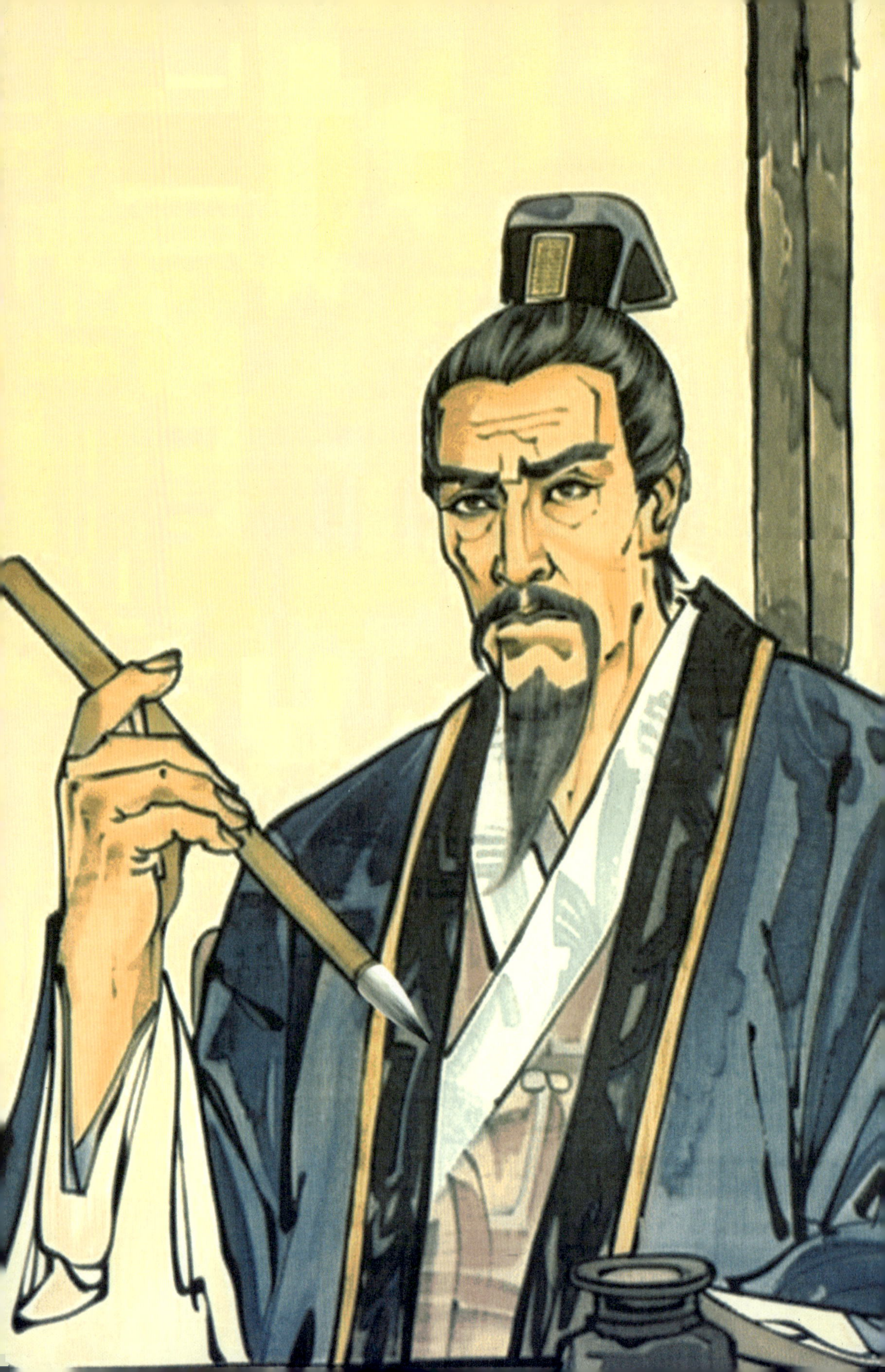

谋略滔天，文和乱武 —— 贾诩

他是乱世中的智者，以谋略著称，多次在关键时刻扭转乾坤

他是曹魏的奠基者之一，不显山露水，却对曹魏的建立有着不可磨灭的贡献

他是历史上著名的谋士，以其独特的性格，给人留下了深刻的印记

少而颖悟

贾诩（147年—223年），字文和，武威姑臧（今甘肃武威市）人，生于东汉末年。自幼便展现出非凡的才智，年少时便已得到名士阎忠的高度评价，称其拥有张良、陈平般的智慧。

早年，他因才华出众被察举为孝廉，并担任郎官一职。不久便因病辞官，踏上归乡之路。在途经汧地时，不幸遭遇氐人叛乱，与同行数十人一同被俘。生死存亡的关头，他谎称自己是太尉段颎的外孙，利用段颎在西土的威名震慑氐人。叛氐果然不敢轻举妄动，不仅释放了贾诩，还与他盟誓后护送其归家，而同行之人，却未能幸免于难。贾诩的智谋与让人印象深刻的性格都在这个事件中得到了充分的体现。

运筹演谋

贾诩的谋划通常深邃而诡谲，既难以捉摸，又充满力量。他不像那些锋芒毕露的谋士，动则滔滔不绝，谋则惊天动地；相反，贾诩的谋，往往隐藏于平静之下，如同潜藏于深渊的猛兽，只在关键时刻猛然出击，一击毙命。

贾 诩

献计张绣

兴平二年，李傕与郭汜之间的矛盾日益尖锐，终至刀兵相见。李傕为增强实力，特邀贾诩为宣义将军，并商议劫持汉献帝至自己营中。贾诩觉得有违道义，力劝李傕放弃，但李傕一意孤行，派侄子李暹率兵包围皇宫，强行将献帝及随行人员劫出，贾诩也只能无奈同行。

时局动荡，张绣见长安不可久留，劝贾诩离去。贾诩坚守道义，表示受国家厚恩，不能轻易背离。不久，镇东将军张济前来劝和，李傕、郭汜虽表面答应，却因李傕妻子不舍爱子为质而议和未定。此时，羌胡受李傕蛊惑，多次到皇宫窥探，意图不轨。献帝深感忧虑，命侍中刘艾向贾诩求策。贾诩沉着应对，邀请羌胡大帅赴宴，以封爵重宝为诱饵，成功稳定了羌胡的情绪，使他们欣然离去。李傕势力因此衰弱，不得不接受和解。

但是李傕并未因此收敛野心，他再次劫持献帝，企图控制朝廷。王师在曹阳遭遇惨败，司徒赵温等大臣被困。李傕欲趁机除去这些眼中钉，得贾诩力劝，才使这些大臣得以幸免。贾诩深知李傕已非良主，于是趁乱离开，投奔了同郡的将军段煨。

段煨虽表面对贾诩礼遇有加，但内心却充满猜忌。贾诩察觉到了这一点，决定再次寻找新的归宿。他暗中与张绣联系，张绣闻讯大喜，立即派人迎接。贾诩在离开前，有人不解地问："段煨待你如此之好，你为何要

贾诩画像

离去？"贾诩淡然答道："段煨生性多疑，我若久留，必遭其害。而我离去，他必善待我家人，以图我联结外援。张绣缺乏谋士，我此去定能得其重用，如此，我与家人皆能保全。"

贾诩到达张绣处后，张绣果然对他极为敬重，而段煨得知贾诩离去，也如贾诩所料，善待了他的家人。凭借自己的智谋与洞察力，贾诩在乱世中找到了自己的立足之地。

二次献计张绣

建安二年，贾诩说服张绣与荆州牧刘表结盟，共同屯兵宛城，以抵御即将到来的曹操大军。曹操南征之际，张绣在贾诩的策划下，选择了投降，但是曹操的野心并未因此收敛，他密谋除去张绣。不料事泄，张绣愤而起兵，于淯水之战中大败曹操。这一战，正是贾诩献策，让张绣以迁移军队为饵，诱使曹操放松警惕，从而乘虚而入，取得了胜利。

次年三月，曹操再次挥师南下，将张绣据守的穰城团团围住。正当战事胶着之际，曹操得知袁绍欲乘虚而入，攻打许都，不得不匆匆撤军。五月，刘表派兵增援张绣，企图在曹操撤退途中给予致命一击。曹操撤至安众，刘表与张绣联军前后夹击，形势危急。然而，曹操却以奇兵突袭，大败张、刘联军。张绣不甘失败，欲追击曹操，贾诩急忙劝阻，指出追击必败。张绣不听，强行追击，果然被曹操亲自断后击败。

败军之际，贾诩却对张绣说："此刻应立即再追，定能取胜。"张绣疑惑不解，贾诩耐心解释道："曹操撤军并非因为力不能敌，而是后方有变。他虽败你追兵，但必全力撤退，留他人断后。那断后之将虽勇，却不及你，你以败兵追击，定能取胜。"张绣半信半疑，但还是听从了贾诩的建议，收集散兵，再次追击。果然，曹操后卫部队被击溃，张绣大获全胜。

贾 诩

战后,张绣向贾诩请教其中的奥妙。贾诩缓缓道来:"将军虽善用兵,但非曹操之敌。曹操撤军时,必亲自殿后,你追兵虽精,将领却不及他,士兵士气正盛,故你必败。而曹操撤军之急,必是后方有忧,他击败你追兵后,必全力撤退,留他人断后。那断后之将虽强,却不及将军,所以你以败兵也能取胜。"张绣听完,对贾诩的智谋佩服得五体投地。

劝张降曹

建安四年,袁绍派遣使者前来拉拢张绣,并致信贾诩,意图结援。面对袁绍的橄榄枝,张绣颇为心动,欲应允之。在使者面前,贾诩却毫不留情地直言回绝,他说道:"请转告袁本初,连兄弟之间都不能相容,又怎能容纳天下的英才呢?"张绣闻言大惊,私下里慌忙向贾诩询问:"如此一来,我们应当归附何方?"

贾诩沉吟片刻,缓缓道出:"归附曹公,乃是上策。"张绣一脸疑惑,不解地问道:"袁绍势强,曹操势弱,且我们与曹操有旧仇,为何要归顺他?"贾诩耐心解释:"正因如此,才应归顺曹公。其一,曹公奉天子以令诸侯,名正言顺;其二,袁绍强盛,我们这点儿人马归附,必不被重视,而曹公兵微将寡,得到我们必定如获至宝;其三,有志于争霸天下者,必能摒弃私怨,以彰显其德行于四海。将军切勿再犹豫了!"

张绣听从了贾诩的劝谏,率部归顺了曹操。曹操闻讯,欣喜若狂,亲自迎接贾诩,紧紧握住他的手说:"让我名扬天下的,正是你啊!"随后,曹操任命贾诩为执金吾,封都亭侯,并打算让他出任冀州牧。但由于冀州当时被袁绍占据,贾诩便留在司空府参谋军事。同时,曹操还封张绣为扬武将军,并让自己的儿子曹均娶了张绣的女儿,以示亲近。

转眼到了建安五年,曹操与袁绍在官渡展开激战。战事胶着,曹军粮草告急。曹操焦急万分，向贾诩问计。贾诩冷静分析道："主公之智谋、勇猛用人、决断皆胜袁绍，之所以久战未捷，乃因君顾虑过多。若得时机，定能速胜。"曹操闻言，深表赞同。

不久，袁绍的谋士许攸叛逃至曹营，献计攻打淳于琼把守的乌巢。曹操手下有人对此计表示怀疑，但荀攸和贾诩却力劝曹操采纳。曹操果断出击，偷袭乌巢，斩杀了淳于琼，一战击溃了袁绍的大军。战后，曹操平定了河北，领冀州牧，并改任贾诩为太中大夫，以示嘉奖。

贾诩的谋士生涯，是智慧与策略的完美融合，是洞察人心与把握时局的典范。在乱世纷争中，他既能审时度势，选择明主，又能在复杂多变的局势中保持清醒的头脑，为主公谋划出最佳策略。他的计策，往往能出奇制胜，以少胜多，让敌人措手不及。

而贾诩的谋划，不仅体现在战场上的胜负，更在于他对人心和局势的深刻把握。他懂得如何利用敌人的弱点，如何调动敌人的情绪，如何在看似无望的境地中寻找转机，这些都是贾诩在那个乱世里可以立足的倚仗。

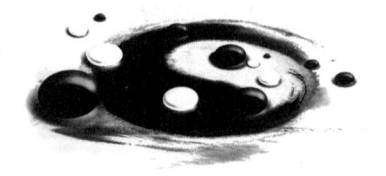

史笔昭彰

荀攸、贾诩，庶乎算无遗策，经达权变，其良、平之亚欤！

——陈寿《三国志·魏书·荀彧荀攸贾诩传》

【译】荀攸、贾诩，他们的计策几乎都是完美无缺的，并且能够根据实际情况灵活变通，他们的才能不亚于张良和陈平这样的杰出人物。

贾　诩

已而诸豪割据，士大夫各欲择主立功名，如荀攸、贾诩、程昱、郭嘉、诸葛亮、庞统、鲁肃、周瑜之徒，争以智能自效。

——刘祁《归潜志》

【译】随后各地豪杰纷纷割据，士大夫们各自想要选择一位主公来建立功名，像荀攸、贾诩、程昱、郭嘉、诸葛亮、庞统、鲁肃、周瑜等人，都争相凭借自己的智慧和才能来为主公效力。

周瑜赤壁之谋，贾诩乌巢之策，何能以尚。一言兴邦，斯近之矣。

——李延寿《北史》

【译】周瑜在赤壁的计谋，贾诩在乌巢的策略，哪一个能够超越呢？一句话可以使国家兴盛，说的就是这种情况啊。

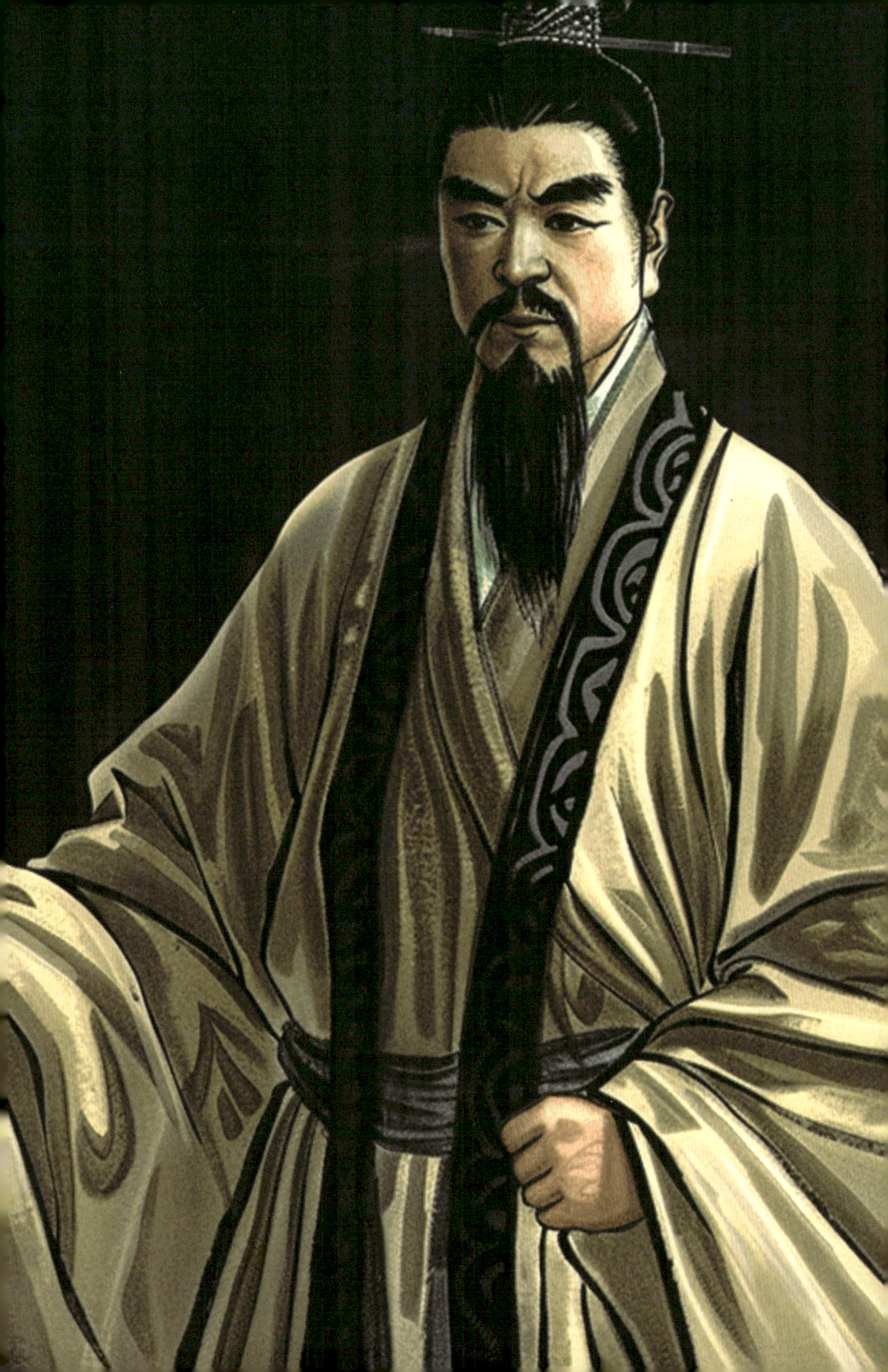

谋深虑远，王佐之才——荀彧

他是曹操麾下的谋士，以远见卓识著称

他是东汉末年的政治巨擘，以稳健的施政和卓越的领导力赢得了广泛赞誉

他是儒家思想的忠实践行者，以忠君爱国、仁政爱民的信念影响了后世

中国古代谋士

少而颖悟

荀彧（163年—212年），字文若，颍川颍阴（今河南许昌）人。少年时，荀彧便展现出了超乎常人的智慧与才华。他年少时曾随父亲拜访名士何颙，何颙见到荀彧后，大为惊叹，称赞其有"王佐之才"。

荀彧家族世代为官，家风严谨，自幼饱读诗书，精通儒家经典，对政治、军事、文学等领域均有深入研究。

青年时期，荀彧曾任县令之职，以其清廉正直、勤政爱民而深受百姓爱戴。

运筹演谋

荀彧的才能体现在他对时局的精准判断上，能够从纷繁复杂的局势中抽丝剥茧，找到问题的关键所在；更体现在他对人心的深刻洞察上，他善于揣摩人性，了解各方势力的心理与需求，从而制定出既符合实际又富有远见的策略。

在荀彧的谋划中，我们不难发现其几个显著的特点：一是稳健。他从不急于求成，而是稳扎稳打，步步为营，确保每一步都走在正确的道路上；二

荀彧

是周密。他考虑事情全面而细致，总能预见到可能出现的各种情况，并提前做好准备；三是深远。他的策略往往不仅着眼于当前的利益，更考虑到长远的发展。

世之论者

公元195年，陶谦离世，徐州之地一时无主，曹操心生觊觎，欲借机挥师东进，再回身剿灭吕布，荀彧听到之后，急忙进言阻拦。

"主公，昔日汉高祖据守关中，光武帝依托河内，皆因根基稳固方能图谋天下。兖州乃主公起家之地，百姓归心，且地处要冲，虽历经战乱仍不失为立足之本。今李封、薛兰已败，何不趁此良机，分兵牵制陈宫，使其无暇西顾？同时，组织民力收割麦谷，囤积粮草，以备不时之需。待实力充盈，先破吕布，再联刘繇共讨袁术，如此则淮泗之地可定。"

荀彧继续分析："若弃吕布而攻徐州，则兖州必危。留守兵力不足，则民心恐慌，吕布趁机侵扰，兖州恐难保全。且徐州历经战火，百姓戒备森严，坚壁清野以待我军。我军久攻不下，粮草不继，必将陷入困境。再者，徐州子弟念及父兄之仇，必将死战到底，即便攻下亦难守之。"

曹操闻此，恍然大悟，遂依荀彧之计而行。他一面派兵牵制陈宫，一面组织民力抢收麦谷，积蓄力量。不久之后，曹操兵强马壮，一举击败吕布。吕布败逃徐州，曹操乘胜追击，定陶城下再传捷报。随后，曹操分兵收复兖州各县，兖州终得平定。

劝奉天子

建安元年（196年）正月，荀彧与程昱向曹操进言，建议他西迎汉献帝。曹操深以为然，命曹洪率军西行。但是卫将军董承与袁术部将苌奴却据险而守，曹洪一时难以通过。直至二月，曹操亲自率军击败黄巾军，平定了颍川之地。

时光转眼到了七月，汉献帝刘协在杨奉、董承等人的护送下，历经千辛万苦，终于从长安返回了洛阳。此时，曹军内部对于是否要迎奉天子建都许县产生了激烈的争执。多数人认为，徐州尚未平定，韩暹、杨奉又刚将天子迎至洛阳，且他们已与张杨联结，此时迎奉天子风险太大。

众议纷纭时，荀彧对曹操说道："昔日晋文公迎周襄王归位，诸侯纷纷归附；汉高祖东征项羽，为义帝发丧而天下归心。自天子遭难以来，将军您首倡义兵，虽因山东战乱未能远赴关右，但您始终心系王室，分派将领与朝廷通使。如今，正是顺应天时、民心，迎奉天子的大好时机。此举既能彰显将军的忠诚与大义，又能凝聚天下英雄豪杰之心。即便有少数叛逆之徒，也难挡大势所趋。韩暹、杨奉之辈，又何足为惧？若错失此良机，天下必将离心离德，再想迎奉天子，恐怕为时已晚。"

荀彧的一番话，犹如拨云见日，让曹操豁然开朗，决定亲自率军进抵洛阳。曹操的到来，让董承等人大喜过望，他们秘

荀彧画像

荀 彧

密召请曹操，正是为了借助他的力量来稳定朝廷。曹操不负众望，不仅成功迎奉了献帝迁都许县，还被封为大将军、武平侯，而荀彧也因功升为汉侍中、守尚书令。

赍志以殁

建安十七年（212年），董昭等人密谋，欲推曹操进爵国公，加九锡之尊，以彰其赫赫战功。他们寻至荀彧，欲借其智谋与威望，共谋此事。荀彧听后，却眉头紧锁，沉吟片刻后对他们说："曹公起兵之初，乃为匡扶汉室，安定天下。其忠诚之心，天地可鉴。今若骤然加爵，恐非曹公本愿，亦非君子之道。以德服人，方为上策，此事还需从长计议。"董昭等人闻此，虽心有不甘，却也不得不暂时作罢。曹操得知后，对荀彧之议既感意外，又略带不悦。

同年，曹操挥师南下，誓要征服孙权，一统江南。临行前，他上表朝廷，请求荀彧前往谯地劳军。当荀彧抵达军中，曹操却并未让他轻易离开。他上表朝廷，言辞恳切："自古以来，遣将出征，必有监军与副将相佐，以显国威，减少失误。今我欲渡江伐敌，荀彧作为国家栋梁，德高望重，应与我并肩作战，共宣王命，以威德震慑敌寇。军情紧急，我来不及请示，便私自留下荀彧，望陛下见谅。"朝廷无奈，只得应允，封荀彧为侍中、光禄大夫，持节，参丞相军事。

曹操大军浩浩荡荡，直逼濡须。就在这关键时刻，荀彧却因病留在了寿春。不久之后，一则令人震惊的消息传来：荀彧因病去世，享年五十岁。献帝得知荀彧去世的消息后，悲痛欲绝，祭祀之日废除了燕乐，以示哀悼，追谥荀彧为敬侯，以表彰其一生之功绩与德行。而曹操，在荀彧离世后的第二年，成了魏公。

荀彧的谋划，皆为天下计，为社稷远谋。劝阻攻徐，以稳固根基为先；力主迎奉天子，顺应天时民心，奠定曹魏之正统；以智慧与远见，助曹操成就霸业，奠定三国的格局，而关于荀彧，也许大家总是会去议论，荀彧是汉臣还是魏王麾下，其实答案很明显，兴复汉室也是荀令君心中所想。

史笔昭彰

侍中守尚书令彧，积德累行，少长无悔，遭世纷扰，怀忠念治。臣自始举义兵，周游征伐，与彧勠力同心，左右王略，发言授策，无施不效。彧之功业，臣由以济，用披浮云，显光日月。陛下幸许，彧左右机近，忠恪祗顺，如履薄冰，研精极锐，以抚庶事。天卜之定，彧之功也。宜享高爵，以彰元勋。

——陈寿《三国志·魏书·荀彧荀攸贾诩传》

【译】侍中兼尚书令荀彧，品德高尚，行为端正，从小到大都没有什么让人指摘的地方。他遭遇世道纷扰，却心怀忠诚，想着国家如何安定治理。我从一开始举起义兵，四处征战，荀彧就和我齐心协力，共同谋划王霸之业，他出谋划策，没有一次不奏效的。我能成就这样的功业，都是靠荀彧的帮助才成功的，他就像拨开浮云，让日月更加光明。陛下也很器重他，让他在身边掌管机密要事，他忠诚谨慎，小心翼翼，好像走在薄冰上一样，尽心尽力地处理各种事务。天下能够安定，都是荀彧的功劳啊。他应该享有高官厚禄，以此来表彰他的卓越功勋。

荀　彧

书传远事，吾自耳目所从闻见，逮百数十年间，贤才未有及荀令君者也。

——陈寿《三国志·魏书·荀彧荀攸贾诩传》

【译】书籍记载过去的事情，就我个人从耳目所听到和看到的来说，在近一二百年的时间里，没有比得上荀令君这样有才能的人了。

然则比魏武于高、光、楚、汉者，史氏之文也，岂皆彧口所言邪！用是贬彧，非其罪矣。且使魏武为帝，则彧为佐命元功，与萧何同赏矣；彧不利此而利于杀身以邀名，岂人情乎。

——司马光《资治通鉴》

【译】既然如此，那么把魏武帝曹操与高祖刘邦、光武帝刘秀、楚汉争霸时的情形相比，是史家的记载，难道都是荀彧亲口说的吗？因此贬责荀彧，不是他的罪过啊。况且假使曹操做了皇帝，那么荀彧就是辅佐创立帝业的头等功臣，应该与萧何同受封赏；荀彧不图谋这样的好处却宁可为保全名节而自身遭殃，这难道合乎人之常情吗？

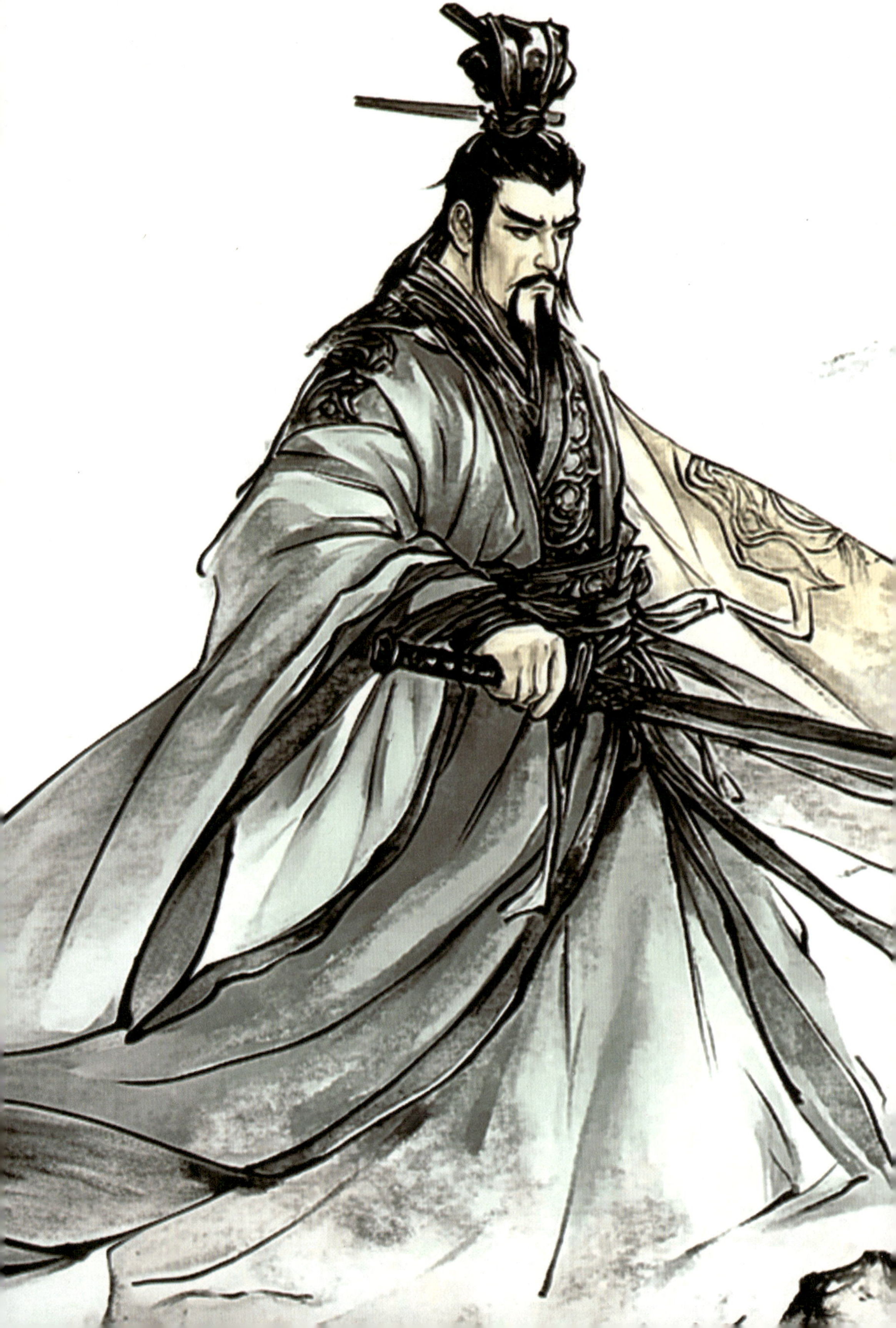

算无遗策，英才天妒

——郭嘉

他是汉魏慧眼独具的策士
他是运筹帷幄的智囊
他是算无遗策却英年早逝的奇才

少而颖悟

郭嘉（170年—207年），字奉孝，东汉末年颍川阳翟（今河南禹州）人。在年少还没有投奔曹操之前，郭嘉曾北上拜访袁绍，在与袁绍的谋臣辛评、郭图交流之后，他敏锐地察觉到了袁绍的局限性。郭嘉认为，一个明智的领导者应该能够审慎地评估自己的能力和团队，从而做出周全的决策，确保每一个计划都能得以实现。

然而袁绍虽然表面上礼贤下士，却并未真正掌握用人之道，导致他的计谋虽然繁多，却往往缺乏要领，难以决断。这样的领导者，在面临重大危机时，恐怕难以自保。基于这样的判断，郭嘉毅然决然地离开了袁绍，而后，在官渡之战的最后袁绍的失败也是因为这个原因。

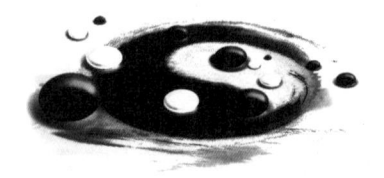

运筹演谋

郭嘉以其独到的战略眼光、精准的形势判断以及灵活的应变策略，在乱世中崭露头角。以下三个故事，将从不同角度展现他作为谋士的非凡之处。

郭 嘉

东征吕布

建安三年，即公元198年，曹操麾下增设军师祭酒一职，郭嘉被委以此重任。

时至九月，曹军与吕布的交锋愈演愈烈。曹操虽屡战屡胜，但吕布却凭借下邳城的坚固，负隅顽抗。连日征战，士兵们已显露出疲惫之色，曹操心中不免生出撤军之念。

这时郭嘉站了出来："主公，昔日项羽勇猛无双，七十余战未尝败绩，然一旦运势逆转，便身首异处，国家亦随之覆灭。此乃有勇无谋之弊。反观吕布，每战皆败，士气已衰，内无固守之志，外无援兵之望。较之项羽，吕布之威远不及，而困境则更甚。此刻，正是我军乘其之危，攻其不备，定可活捉吕布之良机。"

曹操闻言，豁然开朗，当即决定采纳郭嘉之计。随后，曹军行动迅速，掘开泗水、沂水两河之水，滚滚洪流如猛兽般涌向下邳城。水势汹涌，城墙渐被淹没，吕布的防线在洪水的冲击下土崩瓦解。最终这场较量以吕布被曹军生擒结束。

拒放刘备

建安三年末，刘备投诚曹操，曹操以极高规格礼遇相待，并任命其为豫州牧，以示重用。

郭嘉私下对曹操谏言："刘备胸怀大志，名声远扬，且深得民心，关羽、张飞等勇将更是对其忠心耿耿，誓死相随。观其行为举止，绝非久居人下之辈，其野心勃勃，难以预测。古训有云：'一日纵敌，数世之患。'为保大业无虞，当断则断，宜早除之。"曹操彼时正致力于奉天子以令诸侯，广纳贤才以壮声势，对于郭嘉的警醒，并未立即采纳。

建安四年春，袁术北上投奔袁绍，意图穿越下邳，渡过泗水以图发展。曹操遂命刘备与朱灵领兵前去拦截，不料袁术途中病逝，拦截之事不了了之。恰在此时，郭嘉与程昱因外出未归，待二人归来，闻及此事，急忙联名进谏："刘备此人，放之任之，必将生变！"然为时已晚，原来刘备在东行途中，已暗中与董承等人勾结，密谋反叛。待曹操反应过来，刘备已率军攻占下邳，斩杀徐州刺史车胄，公然举起反曹大旗。曹操闻讯，心中懊悔不已，深感未听郭嘉之言，错失先机，致使局势陡增变数。

计定冀州

建安五年初春，曹操意图速战速决，对付初露锋芒的刘备，却顾虑袁绍可能乘虚而入。面对两难之境，曹操召来郭嘉问策。郭嘉沉稳分析："袁绍此人，性格迟疑且多疑，必不会迅速行动。刘备新起，人心未稳，若此刻出兵，必能将其一击即溃。此乃关乎存亡之秋，机不可失。"曹操闻言当即决定挥师东进。果然，刘备不敌，败走投袁绍，而袁绍果然如郭嘉所料，按兵不动。

同年夏末，曹操与袁绍对峙于官渡。正当双方僵持不下之际，江南传来消息，孙策欲渡江北袭许都。一时间，曹营内人心惶惶。郭嘉却冷静分析："孙策虽并江东，然其杀戮过重，树敌众多。且其人轻狂无备，虽有雄兵百万，实则孤军深入，无异于孤身犯险。依我之见，恐难逃匹夫之手。"没过多久，孙策果然在江边遇刺身亡，郭嘉之预见，令人叹为观止。

时间到了建安七年，袁绍病逝，其子袁谭、袁尚争位不休。郭嘉随曹操

郭 嘉

转战黎阳,屡战屡胜。众将请缨,欲乘胜追击,一举荡平袁氏。郭嘉却道:"袁绍生前溺爱二子,未明立嗣,加之郭图、逢纪之辈从中挑拨,必致兄弟阋墙。我军若急攻,反促其合力;不如缓之,待其内乱自生。同时,可挥师南下,攻取荆州,迫刘表就范。待袁氏内部瓦解,再回师北上,可一战而定。"曹操依计而行,先南征荆州,静待时机。

第二年八月,曹操大军行至西平,正如郭嘉所料,袁谭与袁尚的兄弟阋墙愈演愈烈。

袁谭不敌袁尚,败退至平原,遣使辛毗向曹操乞降。曹操纳之,袁氏兄弟的裂痕愈发难以弥合。

建安九年,郭嘉伴曹操回师,兵锋直指邺县。一番激战后,邺县终告平定,曹操的势力范围进一步扩展。

郭嘉画像

再至建安十年，郭嘉又随曹操转战南皮，与袁谭展开决战。此役过后，冀州全境尽归曹操所有，郭嘉也因功被封为洧阳亭侯。

郭嘉的一生很短，却是波澜壮阔的，其以独到的战略眼光、精准的形势判断以及灵活的应变策略，在乱世中书写了一段段传奇。他的智谋不仅帮助曹操一次次化险为夷，更推动了曹操霸业的稳步发展。

史笔昭彰

使孤成大业者，必此人也。

——陈寿《三国志》

【译】能使我成就大业的，必定是这个人。

程昱、郭嘉、董昭、刘晔、蒋济才策谋略，世之奇士，虽清治德业，殊于荀攸，而筹画所料，是其伦也。

——陈寿《三国志·魏书·程郭董刘蒋刘传》

【译】程昱、郭嘉、董昭、刘晔、蒋济这些人，都是才能、谋略出众，世上少有的奇才，虽然说他们在清正廉洁、品行道德方面，跟荀攸有所不同，但在出谋划策方面，却是跟荀攸不相上下的。

荀彧、荀攸、郭嘉皆腹心谋臣，共济大事，无待赞说。

——洪迈《容斋随笔》

郭 嘉

【译】荀彧、荀攸、郭嘉都是曹操的心腹谋臣,一同辅佐他成就大事,无须多言称赞。

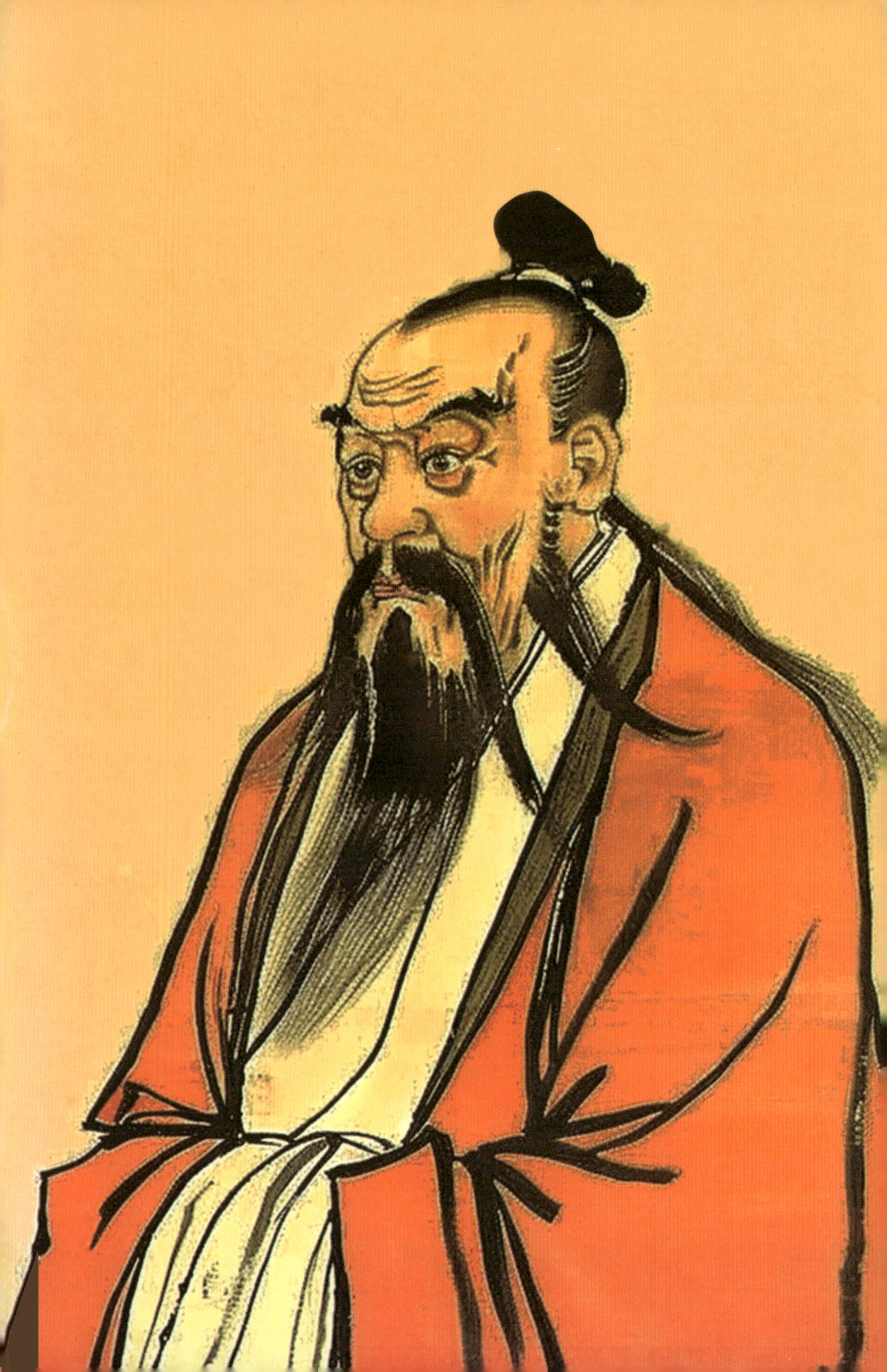

老骥伏枥，志在千里

——司马懿

他是隐忍蓄志的智者，少年时便展露出不凡的才智与深沉的性格

他是三国时期的谋士典范，以其智谋和策略，助曹魏奠定基业

他是历史长河中的传奇人物，其一生功过是非，至今仍为人津津乐道

中国古代谋士

少而颖悟

司马懿（179年—251年），字仲达，河内温县（今河南温县）人，生于东汉末年，乃高阳之子重黎之后裔，世代承袭夏官之职，至周朝改称司马，家族荣耀源远流长。其先祖程伯休父因平定徐方有功，获赐司马为族姓，自此司马家族名扬天下。汉时，司马家族定居河内，历代英才辈出。

司马懿之高祖父司马钧为汉安帝时征西将军，家族显赫一时；曾祖父司马量任豫章太守，祖父司马儁则为颍川太守，父亲司马防更是京兆尹，育有八子，号称司马八达，家族声望达到了顶峰。

司马懿作为司马防的次子，自幼便胸怀大志，生于乱世却"常慨然有忧天下心"。少年时期，他便展现出了非凡的才智与谋略，南阳太守杨俊以其知人善任之名，曾断言司马懿绝非池中之物。尚书崔琰亦对司马懿赞不绝口，认为其才智远超其兄司马朗。

运筹演谋

司马懿不同于那些锋芒毕露、急功近利的谋臣，而是以一种近乎隐匿的方式，在幕后默默编织着权力的网络。他善于捕捉人心之微妙，无论是君主之疑虑、同僚之野心，还是敌将之弱点，皆能洞若观火，从而制定出既符合时势又兼顾各方利益的策略。并且司马懿深知"忍"字的真谛，在曹操麾下时，他故意装病，以避锋芒，这种隐忍不仅保护了自己，更为日后的崛起奠定了坚实的基础。

征召入仕

建安六年（201年），司马懿的名声在郡中不胫而走，被举荐为上计掾。此时，曹操正权倾朝野，对司马懿的才华早有耳闻，遂派人前来征召。不过司马懿早就看出曹操野心勃勃，东汉政权已名存实亡，他不愿屈从于曹氏之下，便巧施妙计，谎称自己身患风痹，无法起身应召。曹操心生疑虑，暗派密探夜访司马懿府邸，只见司马懿卧床不起，状似病重，曹操这才暂且作罢。

至建安十三年（208年），曹操已登上丞相宝座，权势更盛。他再次对司马懿伸出橄榄枝，这次却是以强硬姿态，下令征召其为文学掾。面对曹操的步步紧逼，司马懿知道已无退路，只得从命。入职后，他凭借渊博学识与出众才华，迅速在曹操麾下崭露头角，历任要职，与太子曹丕更是交往密切。

但是司马懿的才华与野心并未逃过曹操的法眼。曹操察觉到司马懿心怀壮志，更见其行走时偶有"狼顾"之态，心中不禁生疑，私下对曹丕言道："司马懿此人，非池中之物，恐日后会危及我曹家基业。"但曹丕与司马懿情谊深厚，屡次为司马懿开脱，加之司马懿勤勉尽责，日夜操劳，终使曹操放下戒心，对其信任有加。

对阵五丈原

青龙二年（234年）春，诸葛亮亲率十万蜀汉军，出斜谷，直指魏境。四月蜀汉军抵达郿县（今眉县），于渭水之南安营扎寨。魏军统帅司马懿得讯，立即率军渡渭水，背水筑垒，与蜀汉军对峙。

渭南之地关乎战局，乃百姓积聚之所，必争之地。所以司马懿力主渡渭水，背水扎营，以守为攻，稳固防线。副将郭淮提出，诸葛亮定会争夺北原，以断陇道，威胁魏境。司马懿赞同其见，即刻派郭淮屯兵北原，抢占战略要地。

随后，诸葛亮率大军西行，看似欲攻西围，实则声东击西，意图突袭阳遂。郭淮早有防备，蜀汉军夜袭未能得手。五月，东吴发兵攻魏，想要与蜀汉军呼应，但被魏将满宠击退。七月，魏明帝曹叡亲征，东吴撤军。朝臣建议曹叡西行助战，曹叡却道："孙权已退，诸葛亮孤军无援，司马懿足以应对。"

八月，司马懿坚守营垒，不与诸葛亮正面交锋。诸葛亮屡次挑战，司马懿均不为所动，采取"坚壁拒守，以逸待劳"之策。诸葛亮无奈，派人送去妇人衣裳，企图激怒司马懿，司马懿却不为所动，甚至故意装怒请战，以安定军心。曹叡知道司马懿用意，派辛毗持节前来，节制司马

司马懿画像

懿行动。每当诸葛亮挑战，辛毗即立于军门，司马懿便按兵不动。

诸葛亮见无法攻破魏军防线，遂分兵屯田，准备长期对峙。司马懿三弟司马孚来信询问战况，司马懿回信称："诸葛亮虽志大才高，但多谋少决，好兵无权，虽拥兵十万，但已陷入我之布局。"不久，诸葛亮遣使求战，司马懿却不谈军事，只询问诸葛亮日常生活细节，通过其饮食起居判断其身体状况，说诸葛亮事无巨细，已经是命不久矣了。果然，当月诸葛亮病逝于五丈原。

蜀军秘不发丧，整军撤退。司马懿得报后派兵追击，却被蜀将杨仪以回击之势吓退。司马懿笑道："此乃我料事如神，非诸葛亮所能及也。"次日，司马懿亲临诸葛亮营垒巡视，赞叹道："诸葛亮真乃天下奇才也。"至此，历时七年的诸葛亮北伐落下帷幕，司马懿的智谋与沉稳也在这场对峙中得到了充分展现。

高平陵之变

嘉平元年（249年）正月甲午日，魏哀帝曹芳离京祭拜魏明帝高平陵，大将军曹爽及其兄弟随行。司马懿瞅准时机，向郭太后上奏，请求废黜曹爽兄弟。此时，司马师作为中护军，已率兵屯驻司马门，牢牢控制了京都局势。司马懿列阵前行，经过曹爽府邸时，曹爽部将严世登楼欲射，却被孙谦紧紧拉住胳膊，三次欲射皆被制止。

与此同时，大司农桓范出城欲投曹爽，蒋济担忧不已，称"智囊已去"。司马懿却淡然表示，桓范虽智，但如驽马恋栈豆，曹爽必不会重用他。随后，司马懿迅速行动，召司徒高柔假节行大将军事，接管曹爽军营，并喻之为"周勃再世"。同时，召太仆王观行中领军事，统管曹羲军营。司马懿自己则率太尉蒋济等出兵迎天子，驻扎洛水浮桥，并派人上奏曹爽之罪。

曹爽得讯，扣住奏章，将曹芳留在伊水之南，征发数千屯兵自守。

桓范力劝曹爽挟天子至许昌，发文书征调天下兵马勤王。然而曹爽犹豫不决，未能采纳，反而于夜间遣侍中许允、尚书陈泰去见司马懿，探听虚实。司马懿趁机历数曹爽过失，劝其早日服罪。又派曹爽亲信尹大目前去传话，称朝廷仅欲免其官职，并以洛水为誓。同时，蒋济也致信曹爽，劝其交出权力，可保爵位富贵。

曹爽在桓范等人的苦劝下，决定相信司马懿的话，桓范痛哭流涕，痛斥曹爽兄弟为犊子，今日将遭灭族之祸。然而曹爽最终还是被免职，随曹芳回京。一入府邸，就被司马懿派兵包围。在司马懿的严刑拷问下，黄门张当供称曹爽与何晏等人意图谋反。

于是曹爽及其党羽何晏、丁谧、邓飏、毕轨、李胜、桓范等皆以谋反之罪被杀，并灭三族。但对于曹爽门下的二流人物，司马懿则宽大处理，如鲁芝、辛敞、王沈等人，后来甚至有人成为晋朝新贵。这场权力斗争，以司马懿的全面胜利告终。

司马懿一生谋略深沉，行事果决又不失谨慎，善于洞察人心，把握时机，隐忍似乎是代表他一生的符号，所以他总在看似平静的水面下涌动。

在与诸葛亮的多次对峙中，司马懿也展示出了他的隐忍跟耐心。面对诸葛亮的连连挑战和计策百算，他始终保持着冷静与克制，不被激将法所动摇。他知道诸葛亮的才智和威望，因此选择了以守为攻的策略，通过稳固防线、消耗蜀军的粮草和士气，等待敌军的士气由盛到衰，最终使得诸葛亮无功而返，病逝于五丈原。

在高平陵之变中，他瞅准曹爽兄弟离京的空当，迅速行动，一举夺下了曹魏的实权。并且没有选择直接的武力对抗，而是巧妙地运用政治手段，通过上奏太后、控制京都、迎天子驻军等一系列精心策划的步骤，逐步瓦解了曹爽的势力。

司马懿

史笔昭彰

故相国懿，匡辅魏室，历事忠贞，故烈祖明皇帝授以寄托之任。懿勠力尽节，以宁华夏。又以齐王聪明，无有秽德，乃心勤尽忠以辅上，天下赖之。

——陈寿《三国志·魏书·王毌丘诸葛邓锺传》

【译】从前的相国司马懿，匡扶辅佐魏室，历任各种官职都忠心耿耿，因此先帝明皇帝把国家大事托付给他。司马懿尽心尽力，忠贞不贰，使华夏安定。他又认为齐王聪明，没有邪恶的德行，于是衷心辅佐皇上，天下都依仗他。

太尉体道正直，尽忠三世，南擒孟达，西破蜀虏，东灭公孙渊，功盖海内。

——陈寿《三国志·魏书·少帝纪》

【译】太尉品德高尚、行为正直，对魏室尽忠三代，在南边擒获了孟达，在西边打败了蜀汉的军队，在东边消灭了公孙渊，功勋卓著，闻名海内。

临事则戎昭果毅，折冲厌难者，司马骠骑也。

——严可均《全三国文》

【译】面临战事则勇猛果决，能挫败敌人锋锐、战胜困难的人，是司马骠骑。

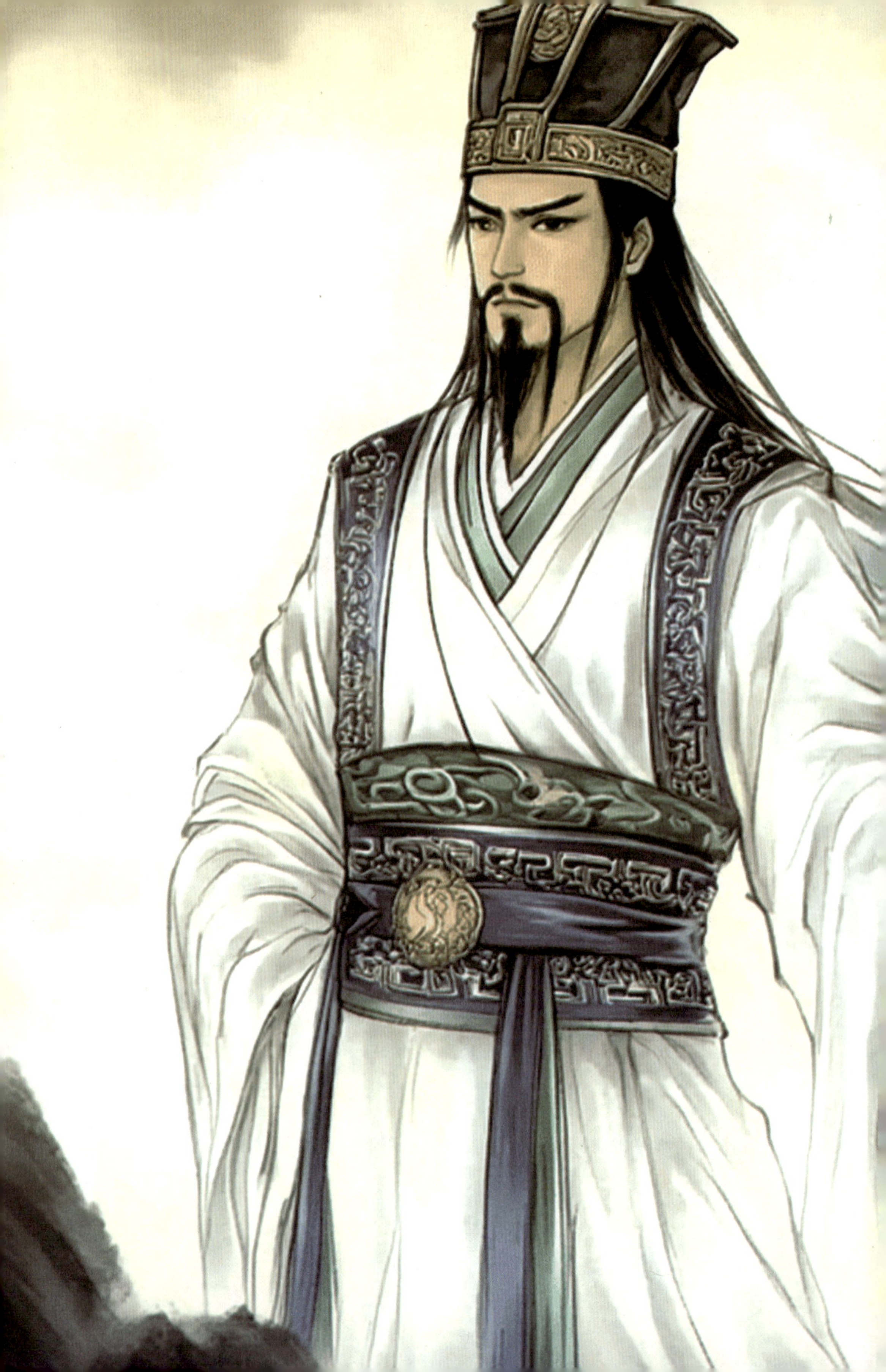

兴复汉室，计日可待 —— 诸葛亮

他是运筹帷幄的智者，以卓越智谋辅佐刘备成就霸业

他是忠诚不渝的臣子，鞠躬尽瘁，死而后已，成为后世楷模

他是博学多才的典范，精通兵法、道术、文学，被誉为『千古第一相』

少而颖悟

诸葛亮（181年—234年），字孔明，号卧龙，生于东汉末年琅琊阳都（今山东临沂）。其先祖诸葛丰在西汉时曾任司隶校尉，父亲诸葛珪在东汉末年也担任过泰山郡丞。诸葛亮在幼年时便失去了双亲，3岁丧母，8岁又丧父。随后，他与弟弟诸葛均一同跟随叔父诸葛玄前往豫章（今江西南昌）生活。不幸的是，叔父诸葛玄在建安二年（197年）也离世了。

失去至亲的诸葛亮选择了在隆中隐居，过着淡泊名利的生活。他平日里喜欢吟诵《梁甫吟》，并常以历史上的名臣管仲、乐毅自比，虽然时人对他多有不屑，但好友徐庶、崔州平等人都知道其才学非凡。在荆州游学期间，他与石韬、徐庶、孟建等人同窗共读，诸葛亮读书注重把握精髓，不拘泥于细枝末节。

他常于清晨与夜晚抱膝长啸，展现出超凡脱俗的气质。当被问及未来志向时，诸葛亮笑而不语，却对友人们说："你们将来都能做到刺史、郡守之职。"而当孟建欲归乡时，诸葛亮更劝其留在中原，认为那里士大夫众多，更有施展才华的空间。

诸葛亮

运筹演谋

诸葛亮的谋划是对"奇"与"正"的巧妙结合。他既能运用正统的兵法原则，稳扎稳打，逐步推进；又能在关键时刻出奇制胜，打破常规，让对手措手不及。并且诸葛亮的谋划中始终贯穿着一种"仁"与"智"的双重考量。他不仅在战术上追求胜利，更在战略上考虑长远，力求以最小的代价换取最大的和平与繁荣。他的每一次决策，都力求在保障蜀汉利益的同时，也尽量减少对百姓的伤害。

隆中对

建安六年（201年），刘备兵败曹操，无奈投奔荆州刘表，于新野扎营，同时积极联络地方英豪，以图东山再起。一日，谋士司马徽来访，对刘备轻声道："世间儒生，多拘泥于书本，不识时务。唯有卧龙、凤雏，方为当世之奇才。"刘备闻言，心中暗自思量。

转眼至建安十二年，经徐庶极力推荐，刘备得知卧龙便是诸葛亮。徐庶告诫道："此人非同小可，将军需亲自前往，方能显诚意。"刘备于是踏上寻访之路，三顾茅庐，终与诸葛亮相见。一番客套后，刘备屏退众人，直言不讳："汉室衰微，奸臣当道，吾虽有心兴复，却苦于智谋不足，屡遭挫败。今愿闻先生高见，以图大业。"

诸葛亮闻言，缓缓铺开地图说道："自董卓乱政以来，天下纷争不断。

曹操虽初时名不见经传，却凭借智谋与勇气，如今已拥兵百万，挟天子以令诸侯，实不可与之争锋。孙权据江东，已历三世，地险民附，又有贤臣辅佐，可为盟友，却不可图谋。荆州之地，物产丰饶，交通便利，然其主刘表昏庸无能，未能守之。益州地势险要，土地肥沃，高祖曾据此以成帝业。今刘璋暗弱，张鲁据汉中而窥视之，刘璋却不知爱惜人才。将军乃汉室宗亲，声名远播，若得荆、益二州为基，外结孙权以成掎角之势，内修政理以固根本，待天下有变之时，将军可遣一上将率荆州之兵直捣中原，自己则亲率益州之兵出秦川，如此则霸业可成，汉室可兴。"

刘备听罢，豁然开朗，力邀诸葛亮出山相助。诸葛亮见刘备诚意满满，遂答应出山。自此，刘备与诸葛亮形影不离，共谋大业。关羽、张飞等虽初有不满，但见刘备对诸葛亮如此器重，也便不再多言。诸葛亮所提出的这番策略，后来成了蜀汉数十年的基本国策，而那时他年仅二十七岁。

舌战群儒

曹操的军队来到荆州之后，刘备也率部抵达夏口，局势愈发危急。诸葛亮主动请缨："此诚危急存亡之秋，我愿亲往江东，说服孙权共抗曹操。"随即，诸葛亮前往柴桑，那里正是孙权屯兵观望之地。

抵达柴桑，诸葛亮对孙权条分缕析当下局势："天下纷扰，将军据江东而守，刘豫州则聚兵汉南，皆欲与曹贼争锋。今曹操已扫平北方，南下破荆州，声威震天。英雄无用武之地，刘豫州因此逃至此地。若以吴越之兵，能与中原抗衡，则当早与曹贼绝交；若觉力不能敌，何不罢兵，北向称臣？"孙权反问，为何刘备不降。诸葛亮抬高刘备，强调其气节坚定，绝不屈服，以此彰显刘备抗曹之决心。

孙权闻言，怒意渐显，誓不言降，但又忧虑刘备兵力。诸葛亮见状，详述双方军情：先言己方散兵归拢，加之关羽水军，共万余人；再提刘琦江夏之兵，亦不下万人。

接着，指出曹军远道而来，疲惫不堪，追刘备时轻骑疾驰，一日一夜行三百余里，已是"强弩之末，势不能穿鲁缟"。

又言北方士兵不习水性，荆州百姓亦非真心归附曹操。最后，诸葛亮断言，曹操必败。

诸葛亮画像

孙权听罢，心中大悦。加之鲁肃、周瑜的劝说，终于决定联刘抗曹，遣周瑜、程普、鲁肃等率三万水军，迎战曹操。诸葛亮则返回刘备身边，共谋大计。

事后孙权看中诸葛亮的才华，想让诸葛亮的兄长诸葛瑾劝说诸葛亮来到他的麾下，诸葛瑾说了一个完美的答案：孔明不会离开刘使君，就像我不会离开主公你。听到这个回答之后孙权也放弃了留下诸葛亮的想法。

时至十一月，曹操大军在赤壁遭遇孙刘联军火攻，损失惨重。加之军中瘟疫肆虐，曹操无奈引军北撤。一场惊心动魄的赤壁之战，就此落下帷幕。

北伐中原

建兴四年（226年），魏文帝曹丕驾崩，其子曹叡继位，因年少缺乏治国经验，蜀汉丞相诸葛亮瞅准时机，决心北伐。

次年（227年），诸葛亮率军进驻汉中，屯兵于沔阳，厉兵秣马，筹备战事。又过一年（228年春），诸葛亮声东击西，扬言要走斜谷道攻打郿县，实则派赵云、邓芝设疑兵吸引魏将曹真主力，自己则亲率大军突袭祁山。陇右三郡南安、天水、安定望风而降，关中震动。魏明帝曹叡急忙西镇长安，派张郃率五万精兵迎击，于街亭大败马谡，同时赵云在箕谷也遭遇失利。诸葛亮无奈，只得带着西县千余家百姓撤回汉中，首次北伐以失败告终。

同年冬（228年），诸葛亮趁魏军东撤，关中空虚之际，再次北伐，出兵散关，围攻陈仓。然而魏将郝昭坚守不出，诸葛亮劝降无果，加之粮草不济，只好退兵。魏将王双追击，被诸葛亮斩于马下。

又过一年（229年春），诸葛亮遣陈式攻打武都、阴平二郡，雍州刺史郭淮来援，诸葛亮亲自出马至建威，郭淮见状退兵，二郡遂入蜀手。

到了建兴八年（230年秋），魏军三路大军压境，司马懿走西城，张郃走子午谷，曹真走斜谷，意图一举攻下汉中。诸葛亮则从容应对，驻军城固、赤坂，以逸待劳。不料天公不作美，连降大雨三十余日，魏军无奈撤退。同年，诸葛亮又遣魏延、吴懿深入羌中，于阳溪大破魏军，费曜、郭淮败逃。

建兴九年（231年）二月，诸葛亮再次率大军攻祁山，此次采用了木牛运粮。时曹真病重，司马懿接掌关中军务，与诸葛亮对峙。诸葛亮在上邽割麦，司马懿追至卤城，却不敢轻举妄动，被嘲"畏蜀如畏虎"。五月，诸葛亮巧布疑阵，大破司马懿，斩获颇丰。然而六月，因李严运粮不至，诸葛亮被迫撤军，张郃追击至木门，中箭身亡。

此后几年（232年至234年），诸葛亮在黄沙休养生息，劝课农桑，制作木牛流马，练兵讲武，为再次北伐做准备。建兴十一年（233年）冬，诸葛亮派遣诸军运粮，集结大军于斜谷口，修建斜谷邸阁，为北伐做最后准备。

建兴十二年（234年）二月，诸葛亮经过三年精心准备，再次率大军出斜谷道，屯兵五丈原，与司马懿对峙。他派使臣至东吴，希望孙权能同时攻魏，以分散魏军兵力。

然而，孙权虽亲率大军北上，却被魏明帝曹叡击退。诸葛亮则与司马懿在渭水南岸对峙百余日，其间多次挑战，司马懿均坚守不出。诸葛亮甚至派人给司马懿送去女装，以羞辱之，但司马懿仍不为所动。

对峙期间，诸葛亮考虑到粮草问题，开始在渭、滨之间屯田自给自足。然而他因操劳过度，病势日渐沉重。尽管他仍坚持分兵屯田，与魏民共耕，打算长期驻扎，但终因身体不支，于五丈原病逝，结束了他传奇的一生。

诸葛亮的一生是谋略与智慧的化身，他不仅在政治上展现了高超的治理才能，更在军事上留下了无数经典战例。在谋划方面，诸葛亮善于审时度势，精准判断敌我形势，制定出既符合实际又出奇制胜的战略方针。他能够巧妙利用天时、地利、人和等诸多因素，为蜀汉争取到最大的战略利益。无论是联合东吴抗曹，还是多次北伐中原，诸葛亮的谋划都显得既周密又灵活。

同时，他治理蜀汉，推行法治，重视农业发展，使得蜀汉在乱世中得以稳定和发展，为后来的北伐奠定了坚实的基础。

诸葛亮一生都在为蜀汉的繁荣和稳定而运筹帷幄、鞠躬尽瘁。所以他的谋士人生，是智慧与勇气的交织，是理想与现实的碰撞，更是对"忠诚"与"智慧"最生动的诠释。

史笔昭彰

君才十倍曹丕，必能安国，终定大事。

——陈寿《三国志·蜀书·诸葛亮传》

【译】您的才能超过曹丕十倍，必定能够安定国家，最终成就大事。

儒生俗士，岂识时务？识时务者在乎俊杰。此间自有卧龙、凤雏。

——陈寿《三国志·蜀书》

【译】那些平庸的儒生和俗士，怎么能认清当前的形势呢？能认清当前形势的人才是俊杰。这个地方有卧龙和凤雏两位杰出的人才。

应期赞世，配业光国，魄兆远矣。夫变用雅虑，审贵垂明，于以简才，宜适其时。若乃和光悦远，迈德天壤，使时闭于听，世服于道，齐高妙之音，正郑、卫之声，并利于事，无相夺伦，此乃管弦之至，牙、旷之调也。

——陈寿《三国志·蜀书·董刘马陈董吕传》

【译】顺应时势，辅佐世事，其功勋足以光耀国家，这样的气魄和预兆早已显现。对于变革和任用人才，应深思熟虑，审慎地彰显尊贵，以此来选拔人才，应当适时进行。至于和谐光辉、愉悦远方，德行超越天地，使得时代闭塞的听闻得以开启，世人信服于道义，使高雅的音乐和谐统一，纠正

郑、卫之音的偏差，使各种音乐都服务于社会，互不干扰，这才是音乐的极致，是像师旷、师牙那样的高妙曲调啊。

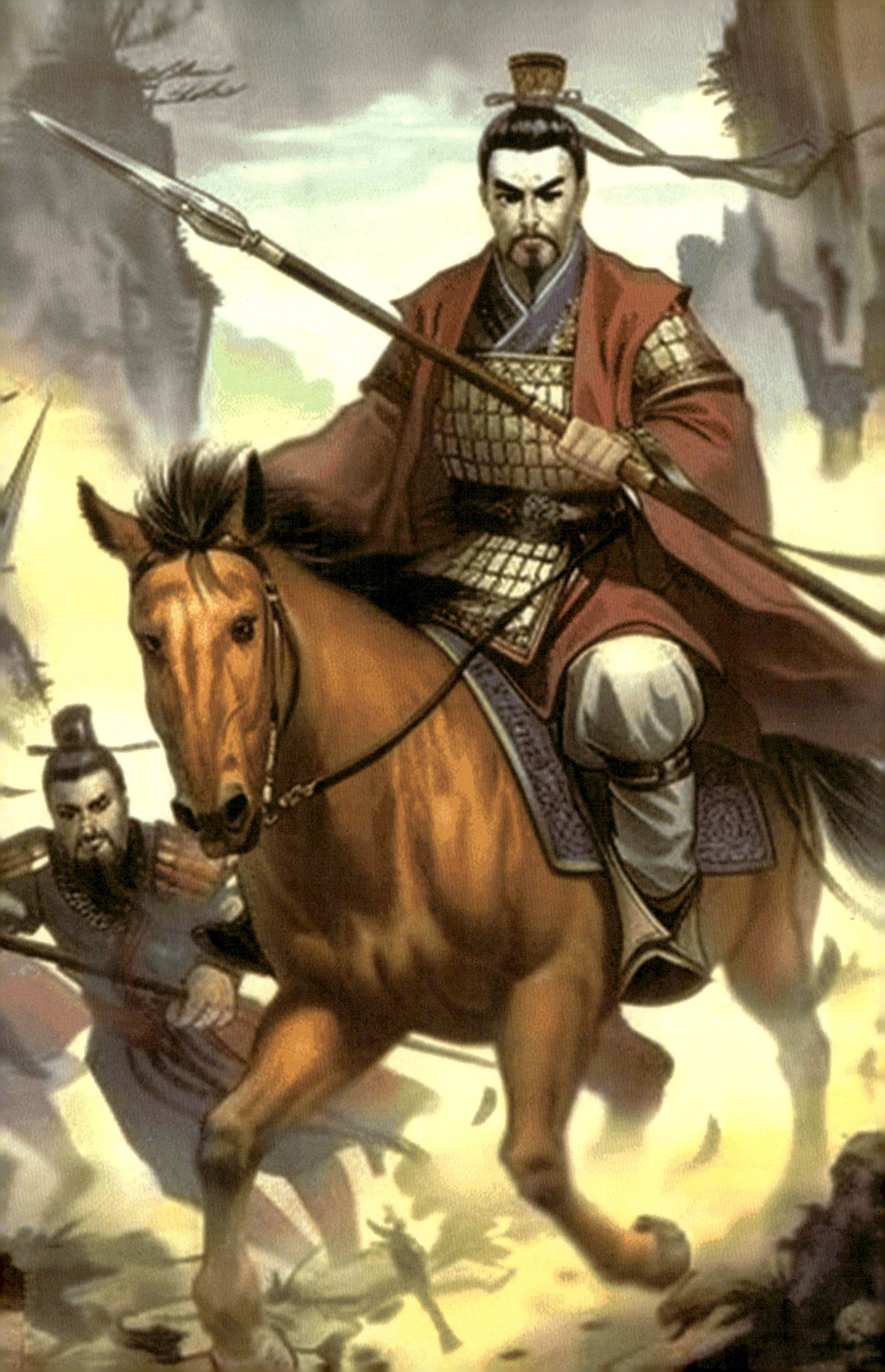

凤舞九天，智取西川 ——庞统

他是荆州名士，才华横溢却低调行事

他是刘备股肱，献计献策助其取川

他是乱世谋士，智略无双却英年早逝

少而颖悟

庞统（179年—214年），字士元，荆州襄阳（今湖北襄阳）人，少时性格朴实，所以外表并不显聪慧，但是他的才华却得到了当时名士的极高评价。二十岁时，他前往拜见颍川名士司马徽，两人相谈甚欢，从白日聊至黑夜。司马徽对庞统的才智大为惊异，称赞南州士子无人能出其右。此后，庞统的名声逐渐传开。同时，襄阳庞德公也给予他"凤雏"的美誉，与诸葛亮"卧龙"之名并称，司马德操则被誉为"水镜"。

庞统曾与东吴的陆绩、顾劭等人一同品评人物，自信拥有辅佐帝王的才能。在被本郡征为功曹后，更是致力于评价人物、培养名声，虽然有时被评价之人的实际才能并未完全达到他的评价高度，但庞统此举却有其深意，因为汉室衰微，善人少而恶人多，因此庞统希望通过宣扬善行、改善世风来激励有志之士自我勉励。

运筹演谋

庞统的谋划注重"顺势而为"，他善于把握时代的脉搏，不去盲目地追求个人的权势和利益，而是根据形势的变化，灵活地调整自己的策略。无论

庞 统

是助刘备取益州，还是平定蜀中叛乱，他都能够准确地找到问题的关键，制定出切实可行的计划，并付诸实施。

东吴送丧

建安十四年（209年），赤壁之战后，周瑜带着胜利的余威打下了江陵，还特意把庞统叫来帮忙，让他管大事。可没多久，周瑜要去打西川，却突然病死了。庞统只好去东吴给他送葬，东吴那边听说庞统来了，好多名人都跑来见他，像陆绩、顾劭、全琮这些。

庞统画像

庞统一看就知道他们想干啥，于是就用马和牛打比方，说陆绩像匹跑得快的马，但只能载一个人；顾劭呢，像头能拉重货的牛，走得稳，载得多。这么一说，大家都觉得庞统看人真准，又不失和气。

后来有人好奇，问庞统，陆绩和顾劭谁更强，庞统笑了笑，还是说马和牛的故事，但这次他解释了，说顾劭在品评人物、影响风气上有一套，而自己要是给领导出主意，那可能就更擅长点儿，这话传到顾劭耳朵里，他觉得庞统说得在理，两人就这么成了好朋友。

顾劭有次去庞统那儿做客，两人聊起天来，顾劭就问："闻君善识人，吾与君相较，孰劣孰优？"庞统也不客气，直接说："若论知人善教，吾不及君；然若为陛下谋划策略，恐吾更胜一筹。"这话听得顾劭连连点头，心里更加佩服庞统了。

投奔刘备

刘备在荆州站稳脚跟,自领荆州牧后,便起用了庞统,让他以从事的身份暂代耒阳县令一职。然而,庞统在任上却显得颇为懒散,对县中事务几乎不闻不问,最终被免去了官职,庞统的典故"百日之事半日可毕也"也是出自这里。不过虽然被免职,但是庞统的才华并未因此被埋没,东吴的鲁肃特意写信给刘备,强调庞统绝非池中之物,其才能远不止管理一个县那么简单。

诸葛亮也在刘备面前多次提及庞统的过人之处。刘备听后,心生好奇,决定亲自召见庞统。一番深入交谈之后,刘备被庞统的见识和谋略深深折服,当即决定重用他,任命其为治中从事,其受信任的程度仅次于诸葛亮。不久之后,庞统更是与诸葛亮一同被提升为军师中郎将,成了刘备身边的智囊。

后来刘备与庞统闲暇之余,聊起了往事,刘备突然提起:"卿曾在周瑜帐下为功曹,余闻吾昔日往吴国之时,周瑜曾密书孙权,欲使其扣留吾,此事可当真?"庞统闻言坦然答道:"此事确有之,然当时各事其主,周瑜此举亦是出于无奈。"

刘备听后不禁感慨:"当时身处险境,不得不求助于孙权。虽知此行凶险万分,然不得不去。如今思之,若非天意护佑,恐早已沦为周瑜之囚矣。"说着,刘备又回忆起当时的情景,诸葛亮曾力劝他不要去,但他却认为孙权更应防范北方的曹操,而非对他这个盟友下手,因此坚持前往。现在回想起来,这的确是一步险棋,稍有不慎便可能万劫不复。庞统在一旁默默听着,暗自钦佩刘备的胆识和决断力。

庞统

献计征蜀

建安十六年（211年），益州牧刘璋派遣法正前往荆州，邀请刘备共抗张鲁。法正私下向刘备提出一个大胆的计划——趁机夺取益州。刘备对此犹豫不决，庞统站出来详细分析了荆州与益州的形势，指出荆州虽好，但东有孙权虎视眈眈，北有曹操强势压迫，发展空间有限。而益州则人口众多，土地肥沃，若能据为己有，必能成就一番霸业。

庞统见刘备仍有疑虑，便进一步劝说道："乱世之中，不能拘泥于常规，需灵活应变。我们虽以仁义著称，但吞并弱小、攻击昏庸，也是古人所认可的。只要事后妥善安置刘璋，谁又能说我们失信于天下呢？"刘备被庞统的一番话说动，决定留下诸葛亮等人镇守荆州，自己则带庞统和数万兵马踏入益州。

在涪城，刘备与刘璋会面，庞统提议趁机挟持刘璋，但刘备认为自己在蜀中尚未树立威信，拒绝了这一建议。刘璋对刘备热情款待，不仅增兵增粮，还将白水关这一战略要地交给他。但是好景不长，建安十七年，张松暗通刘备的事被揭发，刘璋处死张松，与刘备的关系瞬间破裂。

庞统迅速向刘备提出了三条计策：上计是直接偷袭成都，一战而定；中计是假装回荆州，诱使杨怀、高沛来见，然后擒杀他们，再进兵成都；下计是退回白帝城，与荆州相连，慢慢图谋益州。庞统强调，若犹豫不决，必将遭遇大难。

刘备深思熟虑后，选择了中计。他依计而行，成功斩杀了杨怀、高沛，大军势如破竹，直逼成都。在涪城庆祝胜利时，刘备酒兴大发，对庞统说："今日之宴，可谓快哉！"庞统却冷冷回应："以征伐为乐，非仁者之师。"刘备闻言大怒，斥责庞统。庞统不卑不亢，起身离去。刘备很快后悔，召回庞统。庞统坐回原位，既不道歉也不看刘备，只顾自饮。刘备问起谁之过，庞统答道："你我皆有过。"一番话，让酒宴上的气氛再次活跃起来。

庞统不以言辞华丽取胜，而以实战智谋著称，在荆州初展才华，便以独到眼光洞察局势，力劝刘备取益州以图大业，展现出其非凡的战略眼光。入益州后，他更是屡献良策，无论是涪城之会的沉稳应对，还是后来提出的三条密计，都彰显了他对局势的精准把控和对人心的深刻洞察。

史笔昭彰

庞统雅好人流，经学思谋，于时荆、楚谓之高俊。法正著见成败，有奇画策算，然不以德素称也。拟之魏臣，统其荀彧之仲叔，正其程、郭之俦俪邪？

——陈寿《三国志·蜀书·庞统法正传》

【译】庞统优雅地喜爱与人交流，研究经学并擅长谋略，在当时荆、楚一带被人们认为是出类拔萃的人才。法正能够预见成败，有奇妙的策略和深远的谋划，然而他并不以品德高尚而著称。如果把他们比作魏国的臣子，那么庞统大概是荀彧那一类的人物，法正则可以与程昱、郭嘉等人相提并论吧。

军师美至，雅气晔晔。致命明主，忠情发臆。惟此义宗，亡身报德。

——陈寿《三国志·蜀书·邓张宗杨传》

【译】军师风度翩翩，气质高雅，光彩照人。他将自己的生命奉献给了

庞 统

英明的君主，忠诚的情感发自内心。正是秉持着这样的道义精神，他不惜牺牲自己的生命来报答君主的恩德。

  一言而三善兼明，暂谏而义彰百代，可谓达乎大体矣。若惜其小失而废其大益，矜此过言，自绝远说，能成业济务者，未之有也。
          ——陈寿《三国志·蜀书·邓张宗杨传》

【译】说出一句话就能同时阐明三个善行，短暂的进谏就能让道义流传百代，这可以说是通达了大道理啊。如果因为怜惜他的小过失而废弃他带来的大益处，因为计较他的过失言论而拒绝他深远的忠言，那么能够成就事业、完成使命的人，还从来没有过。

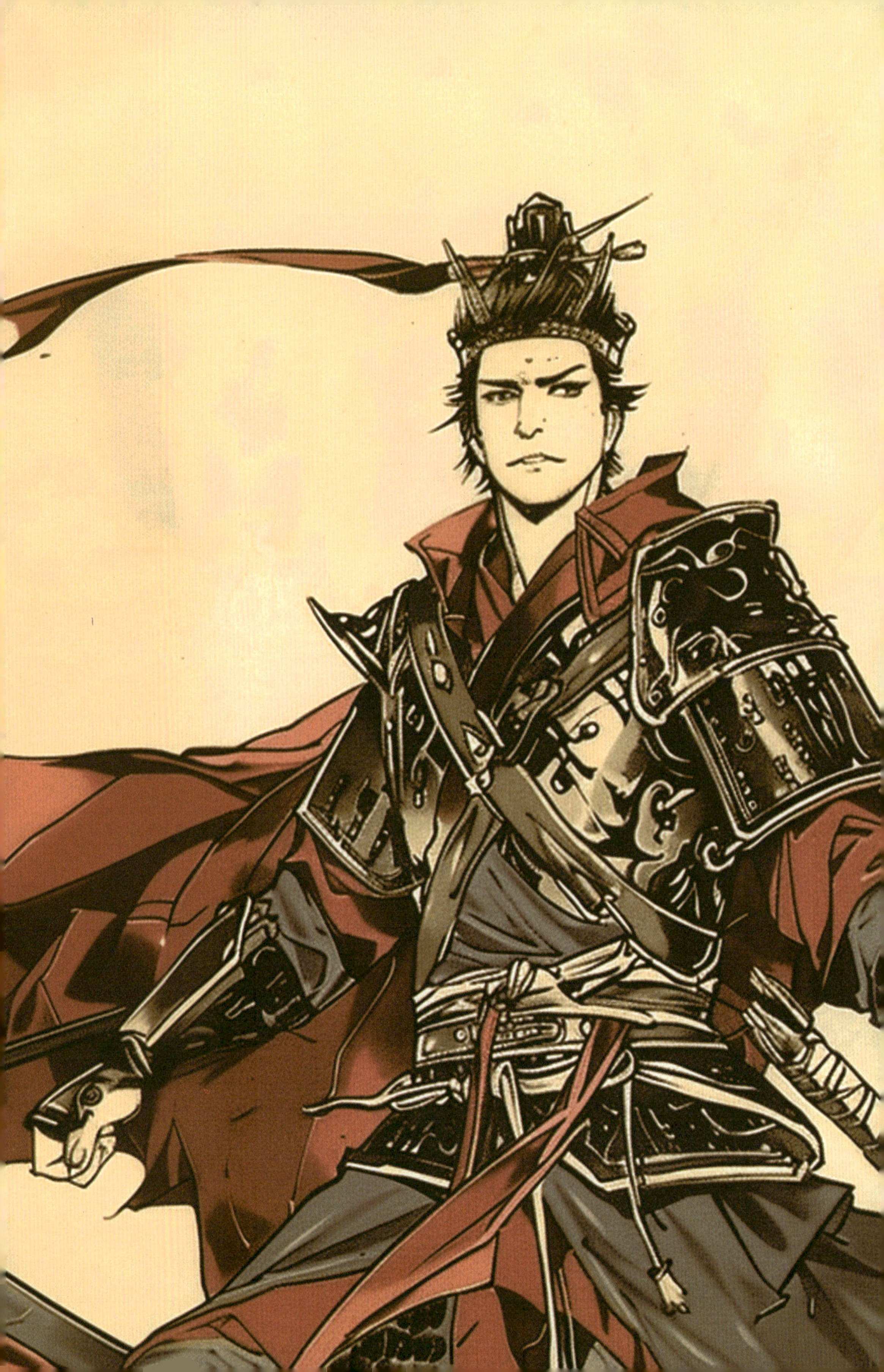

文韬武略，智勇儒将 ——陆逊

他是东吴的杰出谋士，智勇双全，屡建奇功

他是儒将典范，文武兼备，深受信赖

他是火烧连营的策划者，一战成名，威震三国

少而颖悟

陆逊（183年—245年），字伯言，出身于吴郡陆氏，这一江东大族与吴郡顾氏、朱氏、张氏并称为江东四大姓，家族背景深厚。他的祖父陆纡曾官至城门校尉，父亲陆骏则担任过九江都尉，家世显赫。《至元嘉禾志》记载，陆逊诞生于吴郡的华亭之地，不幸的是，他少年时期便失去了父亲，随后跟随其从祖父、庐江太守陆康，在舒县度过了他的求学时光。

兴平元年（194年），袁术与陆康因不和而交恶，袁术派遣孙策攻打庐江。陆康坚守城池长达两年之久，直至兴平二年（195年）年末，庐江城终被孙策攻克。陆康在城破后不久便因病去世，在此之前，他已将陆逊及其亲属安全送往吴郡避难。在这场长达两年的战乱中，陆氏家族遭受了重创，百余人因饥荒和战乱而丧生，家族人口几乎减半。陆逊的从父陆绩比他小六岁，在家族面临困境时，陆逊挺身而出，帮助年幼的陆绩支撑起了家族的门户。

运筹演谋

不同于一般的谋士，陆逊擅长以稳健的战略眼光，精准地判断形势，从而制定出既符合实际又富有前瞻性的战略计划。

陆 逊

崭露头角

建安二十二年（217年），东吴境内并不太平，外部有强敌虎视眈眈，内部则是山寇频繁作乱。陆逊向孙权提出建议："如今英雄并起，争斗不休，豺狼之敌，窥伺我旁。欲破敌寇，平定乱世，兵少难行。且山寇与我有旧怨，倚险为祸，屡扰我方。若内患不除，何以御外？当扩军备，选精锐以应之。"孙权听了陆逊的话，觉得很有道理，就任命他为帐下右部督，让他统领自己的亲卫部队，还给了他棨戟作为权力的象征，让他负责会稽、鄱阳、丹阳三个郡的军事。

就在这一年，费栈被曹操拉拢，开始在丹阳地区煽动山越族人造反，打算和曹操的军队里应外合。孙权得知消息后，立刻派陆逊带兵去平叛。可陆逊面临的形势并不乐观，费栈的势力很大，而陆逊带的兵却相对较少。面对战力的差距，陆逊想出了一个好办法，他让士兵们到处插上旗帜，摆开鼓角，晚上还派人悄悄潜入山谷，吹号击鼓，制造出大军即将到来的假象。费栈一看这架势，以为东吴的大军真的来了，吓得不知所措。陆逊趁机发动进攻，一下子就打败了费栈的军队。

接着，他命令山越族人搬到平原地区居住，给他们登记户籍，让他们种田交税，还从他们当中挑选出身体强壮的人参军，这样一来，东吴的统治就更加稳固了。

打完仗后，陆逊回到了芜湖驻守。可没过多久，会稽太守淳于式就给孙权上书，说陆逊在征兵时扰乱了百姓，让大家苦不堪言。后来陆逊回到都城见孙权时，孙权问起了这件事。

陆逊没有为自己辩解，反而说淳于式是个好官，他这么做是为了让百姓得到休养生息。孙权听了很惊讶，问陆逊为什么被人家告了还替人家说话。

陆逊解释说："淳于式实乃真心为百姓谋福祉之人，故而吾才赞其好。倘若吾因其告吾而诋毁之，此等风气断不可长也。"孙权听了陆逊的话，对他的为人更加敬佩了。

智取荆州

建安二十四年（219年），刘备麾下大将关羽在襄樊之地发动了一场声势浩大的战役，襄阳、樊城相继被围，曹军大将于禁被擒，庞德被杀。此时，驻守在陆口的虎威将军吕蒙与孙权密谋，计划夺取南郡，生擒关羽。为了掩盖这一企图，吕蒙于十月称病返回建业，途中经过芜湖，陆逊前去探望。

陆逊对吕蒙说："关羽此人，勇力绝人，常以一己之力，震慑四方。然其屡建功勋之后，或稍露骄矜之色，待人接物，未免欠逊谦逊。今其一心向北，于我全无防备。吾辈若能乘其不备，猝然出击，必可擒之。尔见主公，当好为计议。"吕蒙担心计划泄露，便故作神秘地说："关羽勇猛难当，吾辈实难与之抗衡。其又据荆州之地，施恩于民，新立功勋，士气正旺，非吾辈轻易可图。"

吕蒙回到建业后，孙权问他谁能接替他在陆口指挥。吕蒙推荐说："陆逊此人，深谋远虑，才智过人，足可当此大任。观其智略，他日必成大器。今其名声未显，关羽必不将其放在心上，故为代吾之最佳人选。若用之，当令其潜藏不出，暗中窥探形势，待机而动，如此必可成功。"孙权听了吕蒙的话，当即任命三十六岁的陆逊为偏将军、右部督，接替吕蒙驻守陆口。

陆逊抵达陆口的时候，就给关羽送了一封信。他在信中巧妙地把握了关羽的性格特点，以谦逊的姿态高度赞扬了关羽的英勇事迹，表达了自己对关羽的深深敬仰，并明确表态无意与关羽为敌。

关羽阅信后，或许因这份过度的赞誉而有所松懈，对东吴的防备之心悄然减弱。于是，他做出了战略调整，将原本用于东吴边防的兵力调往前线，以全力应对曹操的威胁。

但是关羽的后方却危机四伏。他刚愎自用，引起了部下的不满，留守江陵、公安的将领糜芳、傅士仁因为军资供应不及时，被关羽责罚，心中不满，渐渐生出了异心。这些情报，陆逊都了如指掌。他见时机成熟，立即向孙权报告，请求出兵攻打关羽。

孙权批准了陆逊的请求，命吕蒙与陆逊为前部，攻克公安、南郡。陆逊率领大军长驱直入，势如破竹。他被孙权任命为宜都太守，拜抚边将军，封华亭侯。刘备任命的宜都太守樊友弃城而逃，其他据点的长吏和各部首领都望风而降。

陆逊

陆逊画像

接着，陆逊又派将军李异、谢旌等率三千人攻打刘备的将领詹晏、陈凤。李异率水军，谢旌率步兵，共同击破詹晏等部，俘虏了陈凤。随后，他们又率军大破房陵太守邓辅、南乡太守郭睦。

秭归的大族文布、邓凯等招聚夷兵数千人，企图抵抗陆逊的军队。陆逊再次命令谢旌攻打文布、邓凯，二人逃走，关羽却任命他们为将。陆逊派人前去诱降，文布率众投降。陆逊的军队所向披靡，占领了秭归、枝江、夷道等地，守住了峡口，切断了关羽退回益州的路。

当关羽得知这一消息时，为时已晚。他匆匆忙忙从樊城撤军，但公安、江陵已经被糜芳、傅士仁献给了吴军。关羽的军队进退两难，疲于奔命，军心动摇。最终,关羽只得领兵退守麦城。十二月,关羽率少数骑兵从麦城突围逃窜,却被吴将潘璋部司马马忠擒获并斩首。

夷陵破蜀

黄初二年(221年),刘备力排众议,决心讨伐东吴。他亲自率领大军,沿着长江东进,气势汹汹。孙权见状,连忙派遣使者前去求和,但刘备拒绝了。此时,陆逊与李异、刘阿等人正屯驻在巫、秭归一带,却遭遇了蜀汉将领吴班、冯习的猛烈攻击,防线被突破。

转眼到了黄武元年(222年)正月,刘备求胜心切,派吴班、陈式率水军深入夷陵,封锁了长江两岸,意图切断东吴的水上交通。二月,刘备又亲自带领诸将,穿越崎岖的山道,抵达夷陵一带,坐镇猇亭指挥全局。他沿着巫峡到夷陵的路线,设立了数十个大营,形成连绵的防线。同时,他还命黄权镇守江北,监视魏军动向,并策应主力;又派马良进驻武陵,联合五溪"蛮"部,威胁吴军侧翼。

不久,刘备派前部督张南围攻夷道的孙桓。吴军诸将焦急万分,纷纷请求陆逊派兵增援,但陆逊却冷静分析,认为夷道城坚粮足,能够坚守,于是决定不予分兵,而是让孙桓继续牵制蜀军。他回信说:"孙安东深得官兵拥戴,城池坚固,粮草充足,无须担忧。待我的计谋实施,他的困境自然会解除。"后来,孙桓见到陆逊,谈及此事时感慨地说:"起初吾确曾怨君不来相援,而今观之,卿之调度实乃高明之举。"

面对蜀汉军的频繁挑战,吴将们都急于迎战,但陆逊却耐心劝止,坚持坚守不出。他认为蜀军锐气正盛,此时出击难以取胜,应该等待时机,让蜀军自行疲惫。诸将却不理解他的用意,以为他畏敌不前,心中愤愤不平。有些老将和贵族出身的将领更是不服约束,陆逊则毫不留情地绳之以军纪,严

陆　逊

加管束。

　　刘备见陆逊不上当，便又生一计。他在山谷中埋伏了一千精兵，又命吴班在平地上扎营，企图诱骗吴军出战。然而，这一计谋又被陆逊识破。他仍然坚守不出，但诸将却都蠢蠢欲动，想要出击。陆逊深知其中有诈，更加坚定了坚守的决心。刘备见计不成，只好率兵撤退。

　　两军相持了整整半年，到了盛夏时节，暑热难耐，蜀军无法速战速决，士气逐渐低落。而且由于战线过长，补给也变得困难起来。六月，陆逊见时机成熟，决定发起反攻。他上书孙权说："刘备领兵，败多胜少。如今他弃船舟，只靠步兵应战，此乃攻他之良机也。"

　　陆逊先派兵攻打蜀汉军的一个营寨，虽然初战不利，但他却从中找到了打败刘备的方法。他命令将士们手持火把和草束，先以火攻破一营，然后趁势发起全面进攻。蜀军被打得措手不及，纷纷溃退。张南从夷道北撤时，被朱然、孙桓南北夹击，战死沙场。陆逊又命水军封锁长江，孙桓扼守夷道，将蜀军分割在大江东西两侧，逐个击破。吴军连续施展火攻，火烧连营四十余寨，蜀军死伤惨重，都督冯习及沙摩柯被杀。

　　刘备败退至马鞍山，依靠险要地形据守。陆逊则集中兵力，四面围攻。蜀军土崩瓦解，被歼数万。刘备趁夜突出重围，后卫将军傅彤战死。他逃奔至秭归时，又命人在险道上焚烧铙铠，以阻塞吴军追兵的道路。但是蜀军损失惨重，舟船器械、水步军资几乎全部丧失，尸骸漂流，塞江而下。

　　吴军获胜后，诸将对陆逊佩服得五体投地。孙权听说后，也大为赞赏，问陆逊为何不上告诸将不服从指挥。陆逊谦逊地说："我深受主上恩遇，才能担当如此重任。这些将领都是国家栋梁，我怎能因个人恩怨而上报呢？我虽笨鲁懦弱，但心中却仰慕蔺相如、寇恂的谦虚居下之道，只愿为国家大事贡献自己的力量。"孙权听后大笑称赞，加封陆逊为辅国将军、荆州牧，并改封为江陵侯。

当刘备逃往白帝城时，徐盛、潘璋、宋谦等将纷纷上书请求乘机进攻蜀国。陆逊却与朱然、骆统等人一致认为曹魏此时正虎视眈眈，不宜轻举妄动。他们建议谨慎行事，防止曹魏乘机袭吴。于是，陆逊仅派李异、刘珂部追踪刘备至南山（秭归南岸山），而未进行大举追击。后来，魏军果然发兵攻吴，但由于陆逊的谨慎部署，魏军已无机可乘。

陆逊的谋，是智慧与勇气的结合，是战略眼光与实战能力的统一。他善于利用敌人的弱点，争取战略主动，懂得隐忍与等待，面对刘备的挑衅，坚守不出，待蜀军士气消磨殆尽，再以火攻之，一战而定乾坤。陆逊的谋划，既体现了对战争艺术的精妙掌握，也展现了他作为战略家的沉稳与耐心。更难能可贵的是，陆逊在胜利面前保持清醒，不为一时之功所惑，他深知国家大局重于个人荣辱，因此在战后处理上展现出宽广的胸襟与高超的政治智慧。他能够化解内部矛盾，维护军队团结，同时在对外关系上保持谨慎，避免不必要的冲突，为东吴赢得了宝贵的和平发展时机。

史笔昭彰

陆逊意思深长，才堪负重，观其规虑，终可大任。

——陈寿《三国志·吴书·陆逊传》

【译】陆逊意思深远，才华能够承担重任，观察他的谋划思虑，终究是可以托付大任的人。

陆　逊

刘备天下称雄，一世所惮，陆逊春秋方壮，威名未著，摧而克之，罔不如志。予既奇逊之谋略，又叹权之识才，所以济大事也。及逊忠诚恳至，忧国亡身，庶几社稷之臣矣。

——陈寿《三国志·吴书·陆逊传》

【译】刘备在天下被誉为英雄，一世之中都让人畏惧。而陆逊正值壮年，威名尚未显赫，却能击败并战胜刘备，没有什么是他不能实现的。我既惊叹于陆逊的谋略，又赞叹孙权识别人才的眼光，这正是他们能够成就大事的原因。等到后来陆逊表现出忠诚恳切，为了国家不惜牺牲自己，他真可以称得上是国家的栋梁之臣了。

孙吴奄有江左，亢衡中州，固本于策、权之雄略，然一时英杰，如周瑜、鲁肃、吕蒙、陆逊四人者，真所谓社稷心膂，与国为存亡之臣也。

——洪迈《容斋随笔》

【译】孙权、吴国在江东地区崛起，与中原地区相抗衡，这固然是基于孙策、孙权的雄才大略，但同时期的杰出英才，如周瑜、鲁肃、吕蒙、陆逊这四人，真正是国家的栋梁和心腹，是与国家共存亡的重臣。

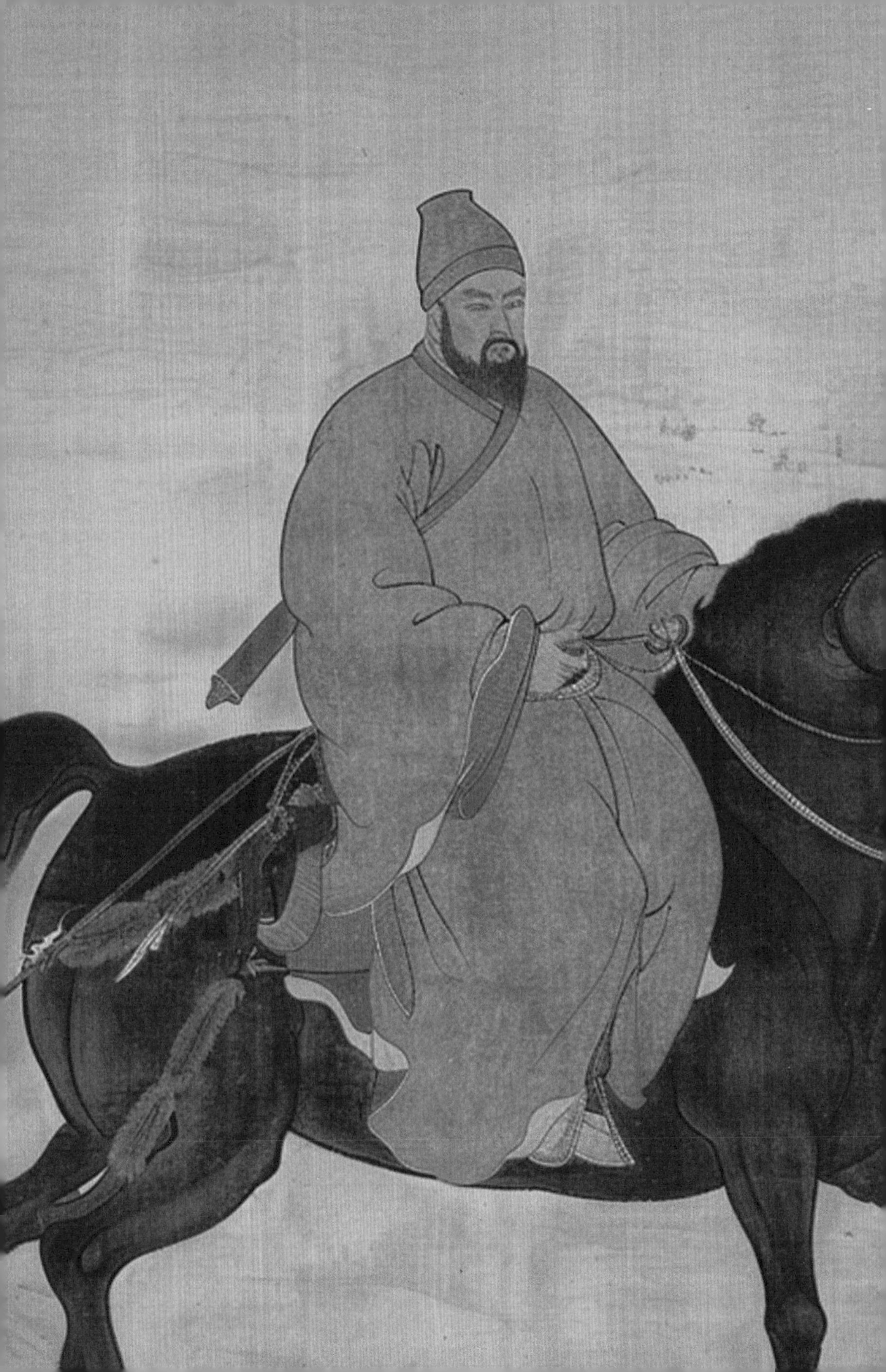

智略无双,功盖诸葛

——王猛

他是乱世中的智者,以谋略著称,助苻坚成就霸业

他是政坛上的改革者,推行新政,使前秦焕然一新

他是后世敬仰的谋士典范,智略无双,青史留名

少而颖悟

王猛（325年~375年），字景略，东晋北海郡剧县（今山东寿光东南）人，后移居魏郡武安（今河北临漳）。少年时期的王猛，虽家境贫寒，却已展现出非凡的气质和才华，被有识之士所察觉。如同古代贤士张良遇黄石公，王猛也遇到了这样一位独具慧眼的隐士。在之后的乱世中，他手不释卷，广泛学习，尤其醉心于军事科学，逐渐成长为一个谨严庄重、深沉刚毅的青年。他的才华和志向，也吸引了后赵侍中徐统的注意。徐统对王猛颇为赏识，欲召其为功曹，但王猛选择了隐居于西岳华山，静待时机，期待明主的降临，以展其宏图大志。

运筹演谋

王猛是一位深谙时局、洞悉人心的智者，他的谋略之道，既非单纯的权术玩弄，亦非简单的兵力比拼，而是建立在对天下大势的深刻洞察与对人性的精准把握之上。他不拘泥于眼前的得失，而是着眼于未来的布局与规划，总能够冷静分析各方势力，准确判断形势走向，提供最为稳妥且高效的战略建议。

王　猛

出山辅主

苻坚通过政变夺取政权后，面临着内部权贵不守法和叛乱迭起的严峻形势。为了解决这些问题，苻坚决定任用王猛，希望借助他的才能来整顿朝政，加强统治。

在苻坚请王猛出山之后，王猛以雷霆万钧之势在始平县展开了他的治理之旅。初至县衙，他便宣布严明法纪，对横行乡里的豪强恶霸施以铁腕。其中，一名恶名昭著的奸吏，因其累累罪行，被王猛当众严惩，最终毙命于鞭下。此举虽大快人心，却也引来了奸吏党羽的疯狂反扑，他们联名上书，诬告王猛滥杀无辜。王猛因此被押解至长安，面临朝廷的质询。

面对苻坚的责问，王猛阐述了自己的理念："治国之道，虽以德化为先，然乱世之中，法度更显重要。陛下委臣以重任，臣自当鞠躬尽瘁，为陛下铲除奸邪。今仅除一恶，尚有万千暴徒待毙。若因臣未能尽除暴虐而治罪，臣甘愿领罚。但若以'残酷'之名加诸臣身，臣实难接受。"一番肺腑之言，让苻坚赞叹不已，他当众称赞王猛为管仲般的治国能臣，并赦免了其擅杀之罪。

王猛的才华与政绩很快得到了更广泛的认可，他迅速晋升为尚书左丞，并且在短短数年间，连升五级，直至尚书左仆射、辅国将军、司隶校尉等要职，权势显赫，一时无两。然而，这也引来了众多权贵的不满与嫉妒，尤其是那些曾随景明帝苻健南征北战的氐族豪帅。

其中，姑臧侯樊世更是仗着自己的赫赫战功，对王猛冷嘲热讽："我等与先帝共谋大业，却未曾参与机要。你一无战功，二无劳苦，凭什么独揽大权？这不是我们辛苦耕种，你却坐享其成吗？"面对樊世的挑衅，王猛毫不示弱，反唇相讥："非但你种我收，我还要你亲自为我烹制佳肴呢！"此言一出，樊世怒火中烧，几乎要失控。他咆哮着威胁王猛："姓王的，我定要让你头悬长安城门，否则我誓不为人！"

苻坚得知此事后，态度坚决："此老氏不除，朝纲难振。"不久，他召见樊世，并故意提及欲将公主许配给已与樊世女儿有婚约的杨璧。樊世果然中计，出言反对。王猛趁机指出樊世此举乃是对君上的不敬，樊世愤怒之下欲攻击王猛，被侍从制止后仍口出不逊。苻坚见状，当即下令将樊世处死。

兴邦强国

甘露二年（359年），王猛从咸阳内史的职位上调，一跃成为侍中、中书令，并兼任京兆尹，权力与责任并重。他初到京城，便听闻贵族大臣强德仗着强太后的势力，酗酒闹事，欺压百姓，无人敢惹。王猛却不含糊，立即下令收捕强德，未等奏报朝廷，便果断将其正法。当苻坚因太后之故而派人持赦书赶来时，强德早已被示众于市，此举震惊了整个京城。

紧接着，王猛与御史中丞邓羌携手，对朝中害民乱政的公卿大夫进行了全面彻查，短时间内便将二十多名横行不法的权贵清除干净。此举使得百官震悚，豪强敛迹，社会秩序井然，路不拾遗，法令得以严格执行。苻坚对此感慨万分，叹道："直至今日，我方知天下有法，天子之尊。"

在严惩罪恶的同时，王猛也极为重视人才的选拔与任用。他力荐苻融、任群、朱彤等在职官僚，使他们得以晋升要职。灭燕之后，他又迅速提拔了房默、房旷、郝略、崔逞、韩胤、田勰等一批关东名

王猛画像

王 猛

士，让他们担任朝官或地方长官。王猛知贤才易遭嫉妒，因此他像苻坚一样，对贤才给予充分的信任和保护。苻融因小过而心怀不安，王猛却赦而不问，依旧信任如初。燕臣梁琛亡国后不屈其志，未得重用，王猛则不顾嫌疑，将其推荐为自己的重要僚属。

对于不称职的官员，王猛则毫不留情，弃之如腐鼠。吏治和用人问题需从制度上解决，于是协助苻坚创立了荐举赏罚制度和官吏考核新标准。这些革新措施的实施，使得秦境安定清平，百姓富足，社会风气焕然一新。当时的人们歌颂道："长安大街，杨槐葱郁；华车奔驰，鸾凤栖息；英才汇聚，教化百姓。"兵强国富，王猛之功不可没。

王猛执政以"公平"著称，他处事果断，讲究效率，从不拖泥带水。有河北人麻思请假回乡葬母，王猛当即表示："你可即刻启程，今晚我便通知沿途郡县。"麻思刚出潼关，便发现沿途官府已接到通知，并为其安排了食宿。王猛执政期间，苻坚将一切军国内外事务交由他裁夺，自己则安然端坐朝堂之上。苻坚曾感慨地对王猛说："卿日夜劬劳，忧勤国事，朕如周文得姜尚，可安享清闲矣。"王猛谦逊地回应："臣何德何能，敢与古之贤臣并论？"苻坚却坚持道："朕观之，姜尚亦未必及卿也！"他常常叮嘱太子等皇家子弟："尔等待王公，当如待朕一般敬重！"

荡平西陲

在苻坚、王猛、邓羌等一众英杰的共治之下，前秦逐渐展现出争霸天下的雄心与实力。公元4世纪60年代至70年代前期，前秦面临四面楚歌的困境：北方有鲜卑拓跋氏的代政权虎视眈眈，西方则是张氏前凉、杨氏仇池及吐谷浑等势力的盘踞，东方则是前燕鲜卑慕容氏的邺城政权，南方则是东晋司马氏的建康朝廷。在这纷繁复杂的局势中，苻坚与王猛并未满足于偏安一隅。

王猛心怀统一北方的宏愿，力求为将来的全国统一奠定坚实基础；而苻坚更是胸怀壮志，梦想着"混一六合，以济苍生"。他们通过一系列高明的政治手腕和军事行动，逐步稳固并扩大了前秦的疆域。建元二年五月，匈奴刘氏部、乌桓独孤部、鲜卑没弈干部相继归顺前秦，为王猛的北伐计划铺平了道路。同年七月，王猛亲自率军南征，初战便告捷，从东晋荆州北境掠取万余户人口北归。

翌年二月，王猛又迅速平定羌族叛乱头目敛岐的叛乱，四月更是大破前凉国主张天锡，斩首一万七千余级，威震四方。随后，他又不费一兵一卒，智擒张氏部将李俨，成功夺取重镇袍罕。然而，就在前秦势力蒸蒸日上之际，内部却出现了动荡。十月，苻生之弟、晋公苻柳在蒲坂起兵反叛，赵公苻双、魏公苻廋、燕公苻武也相继响应，一时之间，前秦的局势变得岌岌可危。

王猛早先曾建议苻坚除去这些潜在的威胁，但苻坚念及兄弟之情，未能采纳。如今，叛乱爆发，王猛却并未因此乱了阵脚。他迅速调集兵力，与诸将一同前往讨伐。当苻廋企图联合前燕共同对抗前秦时，王猛却命令东路之军按兵不动，坚壁清野，等待时机。

苻柳自恃勇武，亲率两万大军偷袭长安。王猛却故作不知，暗中派遣邓羌率领七千精兵埋伏在苻柳的必经之路。苻柳大军行至半途，突然遭遇邓羌的伏击，顿时溃不成军。苻柳勉强收拾残兵败将，逃回蒲坂。然而，他还没来得及喘息，王猛的大军便已兵临城下。经过一番激战，蒲坂城破，苻柳身首异处，其余三公也或被俘或被杀。

这场叛乱被平定后，前秦不仅扫清了通往中原道路上的障碍，更在王猛和苻坚的英明领导下，积蓄了足够的力量，为接下来的消灭强邻前燕做好了充分的准备。

王猛的能力，不仅在于他对战略大局的精准把握，更在于他对战术细节的精妙设计。他能够根据敌我双方的实际情况，灵活调整战略部署，制定出克敌制胜的良策。无论是平定内乱，还是对外扩张，王猛都能游刃有余，灵活应对。

王 猛

史笔昭彰

卿夙夜匪懈，忧勤万机，若文王得太公，吾将优游以卒岁。

——房玄龄、褚遂良等《晋书》

【译】你早晚勤奋不懈，忧虑操劳各种政务，就像周文王得到了太公一样，我将可以悠闲自在地度过一生了。

苻坚机明好断，纳善如流。王猛有王佐之才，锐于进取。观其君臣相得，自谓千载一时。

——房玄龄、褚遂良等《晋书》

【译】苻坚聪明果断，善于听取并采纳好的建议。王猛具有辅佐君王成就大业的才能，锐意进取。看他们君臣之间配合默契，自认为这是千年难遇的好时机。

猛瑰姿俊伟，博学好兵书，谨重严毅，气度雄远，细事不干其虑。

——房玄龄、褚遂良等《晋书》

【译】王猛容貌英俊伟岸，博学且精通兵法，为人谨慎持重，严肃刚毅，气度雄浑远大，不考虑琐碎小事。

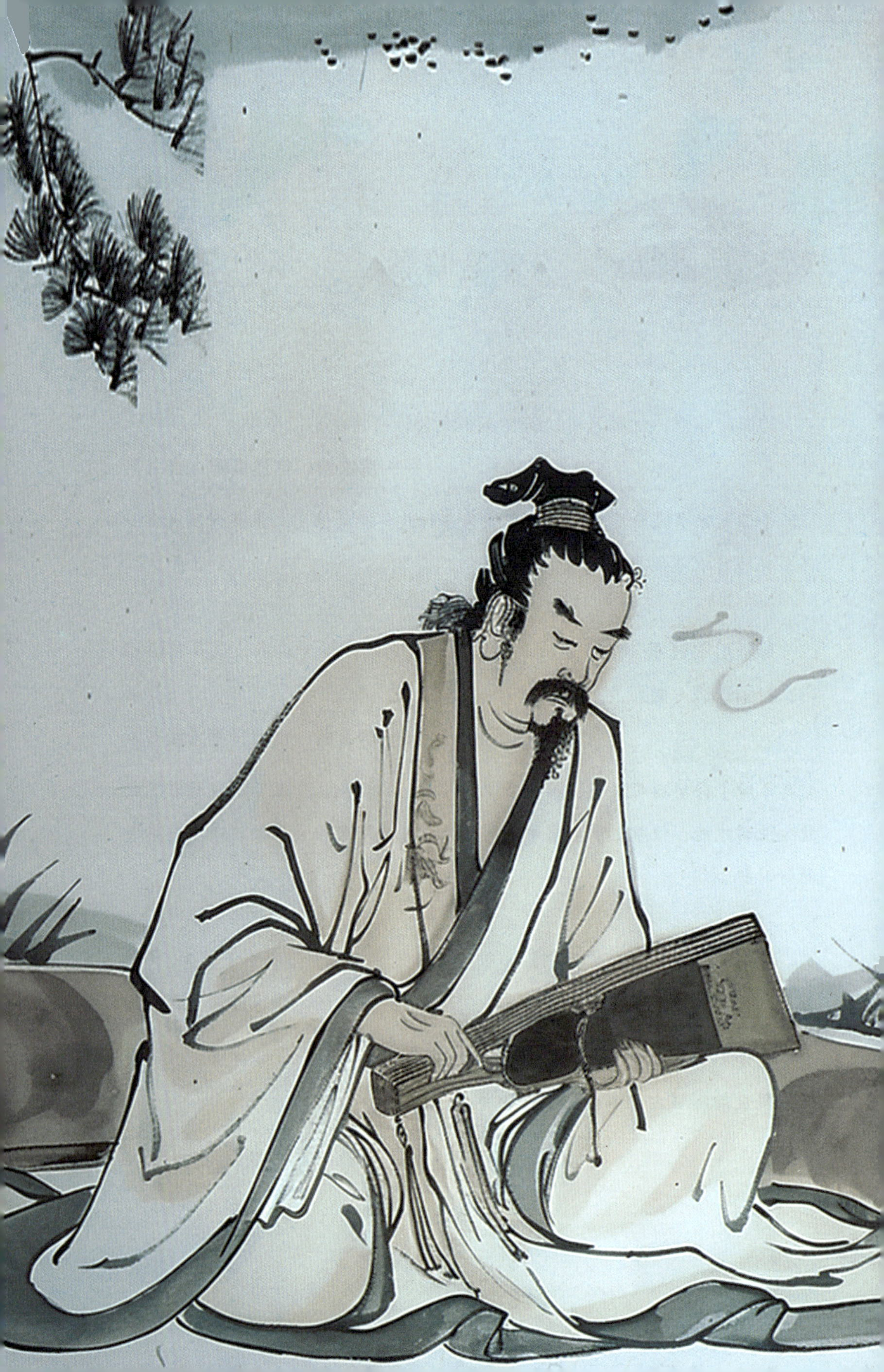

东山再起，雅量风华 ——谢安

他是淝水之战背后的棋手

他是东晋的风流名士，以超凡脱俗的雅量与智谋著称

他是士族阶层的典范，既善文辞，又精武艺，才华横溢

中国古代谋士

少而颖悟

谢安（320年—385年），字安石，陈郡阳夏（今河南太康）人，生于东晋时期一个显赫的士族家庭，自幼便展现出非凡的才智与风度。其父谢裒，官至太常，为谢安的成长提供了良好的家庭环境。四岁时，他便得到名士桓彝的高度评价，被预言未来将有不凡的成就。少年时期的谢安，不仅神态沉着、思维敏捷，更在书法上展现出卓越的才华。他受名士王濛及宰相王导的赏识，在上层社会中声名鹊起。

少年谢安并未因家族的显赫和个人的才华而急于求成。面对朝廷的征召，他以有病为由，屡次推辞，反而隐居会稽东山，与王羲之、许询等名士名僧为伴，过着捕鱼打猎、吟诗作文的逍遥生活。即便扬州刺史庾冰多次派官吏催促，谢安仍坚守初心，仅在被迫应召一个多月后，便毅然辞官，重返东山，继续他的悠游隐居生涯。

运筹演谋

谢安的谋划之道，恰如其分地体现了"以静制动，以逸待劳"的精髓。谢安善于在纷繁复杂的局势中，保持冷静的头脑。他的谋略，往往不显山不

谢安

露水，却在关键时刻发挥至关重要的作用。他擅长运用智慧，而非蛮力，去化解危机，扭转乾坤。

东山再起

升平三年（359年），谢万与郗昙分兵两路，共同北伐前燕。谢万统军无方，因误判敌情导致军心大乱，最终他孤身逃回，幸得谢安之名才保住性命。此番挫败，让谢氏家族权势摇摇欲坠，谢安深感责任重大，终于决定步入仕途，此时他已年过不惑。

谢安画像

次年，谢安应桓温之邀，出任其帐下司马。启程之日，百官相送，但是御史中丞高崧半开玩笑地对谢安说道："谢兄屡屡辞却朝廷之召，于东山之上逍遥自在，可曾思过，世人常言，若谢安石不出，江东百姓当望何英雄？而今，吾欲问兄，这江东百姓翘首以盼之英雄，一旦涉足尘世，又当如何处置这纷扰世事？"高崧戏谑之言让谢安略显尴尬。抵达桓温府邸，两人相谈甚欢，桓温对谢安之才赞不绝口。一次，桓温突访谢安，恰逢谢安慢条斯理地梳理长发。桓温见状，非但不恼，反而耐心等待，并笑言要等谢安戴好帽子再相见，其对谢安之器重可见一斑。

升平五年（361年），桓温即将北伐，而谢万却不幸病逝。谢安瞅准时机，以奔丧为由向桓温请辞，巧妙脱身。随后，他被任命为吴兴郡太守，虽然任内表现平平，但离职后却深得民心。不久，朝廷再次征召，谢安以侍中之职重返京城，并逐步升至吏部尚书、中护军之高位。

151

选将破秦

太元二年（377年）七月，朝廷对谢安委以重任，加封他为司徒，并赐予他后军文武官员高级府第，但谢安谦逊如初，坚辞不受。紧接着，朝廷又授予他侍中及都督扬、豫、徐、兖、青五州并幽州燕国诸军事的职权，还赐予他假节之权。彼时，前秦在苻坚的治理下日渐强大，晋军在与前秦的对抗中屡处下风。

面对广陵防守空虚的困境，谢安不顾外界风言风语，推荐自己的侄子谢玄出任兖州刺史，镇守广陵，承担起长江下游江北一线的军事重任。谢安自己则坐镇中枢，都督五州军事，全面统筹长江下游的防御工作。谢玄到任后，不负叔父所望，他在广陵精挑细选良将，刻苦训练精兵，刘牢之、何谦等一众英才脱颖而出，北府兵也在此间逐渐成形，成为一支不可小觑的劲旅。

转眼间，太元三年，前秦征南大将军苻丕率领七万步骑兵大举进攻襄阳。苻坚更是另遣十万余众，分三路合围襄阳城。襄阳守将朱序英勇无畏，坚守城池近一年之久。然而，到了次年，襄阳城终因寡不敌众而陷落，朱序被俘。前秦并未就此罢手，又遣彭超围攻彭城，秦晋淮南之战一触即发。

在这紧要关头，谢安坐镇建康，同时，他命令谢玄率领五万北府兵，从广陵出发，迎击来犯之敌。谢玄不负众望，率领北府兵连战连捷，四战皆胜，将秦军全歼于战场之上。

太元五年五月，谢安因赫赫战功被朝廷拜为卫将军、开府仪同三司，并晋封为建昌县公，其威望与权势达到了新的巅峰。

谢安

淝水之战

太元八年，苻坚率百万雄师浩浩荡荡南下，意欲一举吞并东晋，实现其统一天下的志向。建康城内，人心惶惶，恐慌之情蔓延。在这紧要关头，谢安却如常般镇定，他以征讨大都督的身份，调遣谢石、谢玄、谢琰与桓伊等将领，率八万兵马北上迎敌。

谢玄知道北府兵虽勇猛，但面对十倍于己的前秦大军，心中难免忐忑。临行前，他特意前往谢安府邸辞行，并试探性地询问战事策略。谢安神色如常，没有丝毫慌乱，只是淡淡地说："朝廷自有安排。"言罢，便不再多言。谢玄见状，也不敢再追问，只好委托好友张玄再去打听。

谢安却似乎并不急于战事，他驾车前往山中别墅，与友人欢聚一堂，随后与张玄对弈围棋，以别墅为赌注。平日里，谢安棋艺难敌张玄，但今日张玄心绪不宁，反而败给了谢安。谢安笑着对外甥羊昙说："此宅如今便是你的了。"然后他就悠然上山游玩，直至夜幕降临才返回。回到府邸后，他立即召集谢石、谢玄等将领，详细部署战事。

此时，桓冲在荆州闻讯，欲派三千精兵增援建康。谢安却对来使说："此处我已安排妥当，汝宜返，增益西鄙之守。"来使将谢安的话带回荆州，桓冲听后忧心忡忡，他感叹道："谢公气度非凡，确实令人敬佩。但他似乎不太懂兵法。敌人即将兵临城下，他却如此悠闲自在。况且兵力不足，又派些年轻将领指挥，只怕我们都要成为阶下囚了。"

谢安心中自有乾坤，同年十一月，他派遣刘牢之率五千精兵奇袭敌军，取得洛涧大捷。十二月，双方决战淝水，谢玄、谢琰与桓伊率领的七万晋军，以少胜多，击败了苻坚和苻融统率的十五万前秦大军，并阵斩苻融。淝水之战，晋军大获全胜。

当捷报传来时，谢安正与客人对弈。他看完捷报，只是轻轻放在一旁，继续下棋，仿佛一切都在预料之中。客人忍不住询问，谢安只是淡淡地说："不值一提，是我的子侄们已然将敌人击退了。"直至棋局结束，客人告辞后，谢安才难以抑制内心的喜悦，欢呼雀跃地走进内室，激动得连木屐底上的屐齿都碰断了。淝水之战的胜利，让谢安的声望达到了前所未有的高度，他以总统诸军之功，被进拜为太保，成了东晋的脊梁。

在谢安的谋士生涯中，他展现了一种独特的领导艺术：既能在关键时刻力挽狂澜，又能在平日里深藏不露。他不强求权势，却在需要时挺身而出，以国家为重，以民众为念。他的谋划，看似平淡无奇，却能在关键时刻发挥奇效，如淝水之战中的从容布局，便是对他智谋的最佳诠释。他善于用人，更善于识人，刘牢之、谢玄等一辈英才，皆在他的慧眼识珠下脱颖而出，成为国家的栋梁。

史笔昭彰

此儿风神秀彻，后当不减王东海。

——房玄龄、褚遂良等《晋书》

【译】这孩子神情风采清秀明畅，将来不会比王东海差。

故太傅臣安少振玄风，道誉洋溢。

——房玄龄、褚遂良等《晋书》

谢 安

【译】因此，已故的太傅、我的父亲谢安，年轻时便振兴了清谈之风，道德声誉四处传扬。

苻坚百万之众已瞰吴江，桓温九五之心将移晋鼎，衣冠易虑，远迩崩心。从容而杜奸谋，宴衍而清群寇，宸居获太山之固，惟扬去累卵之危，斯为盛矣。

——房玄龄、褚遂良等《晋书》

【译】当苻坚的百万大军已经逼近吴江，桓温篡夺皇位的野心也快要动摇晋朝的政权时，朝廷内外都深感忧虑，远近之人都心惊胆战。然而，（谢安）却从容不迫地挫败了这些奸诈的阴谋，在宴会上轻松地平定了各地的叛乱，使得皇宫像泰山一样稳固，扬州也摆脱了像累卵一样危险的局面，这真是盛况啊！

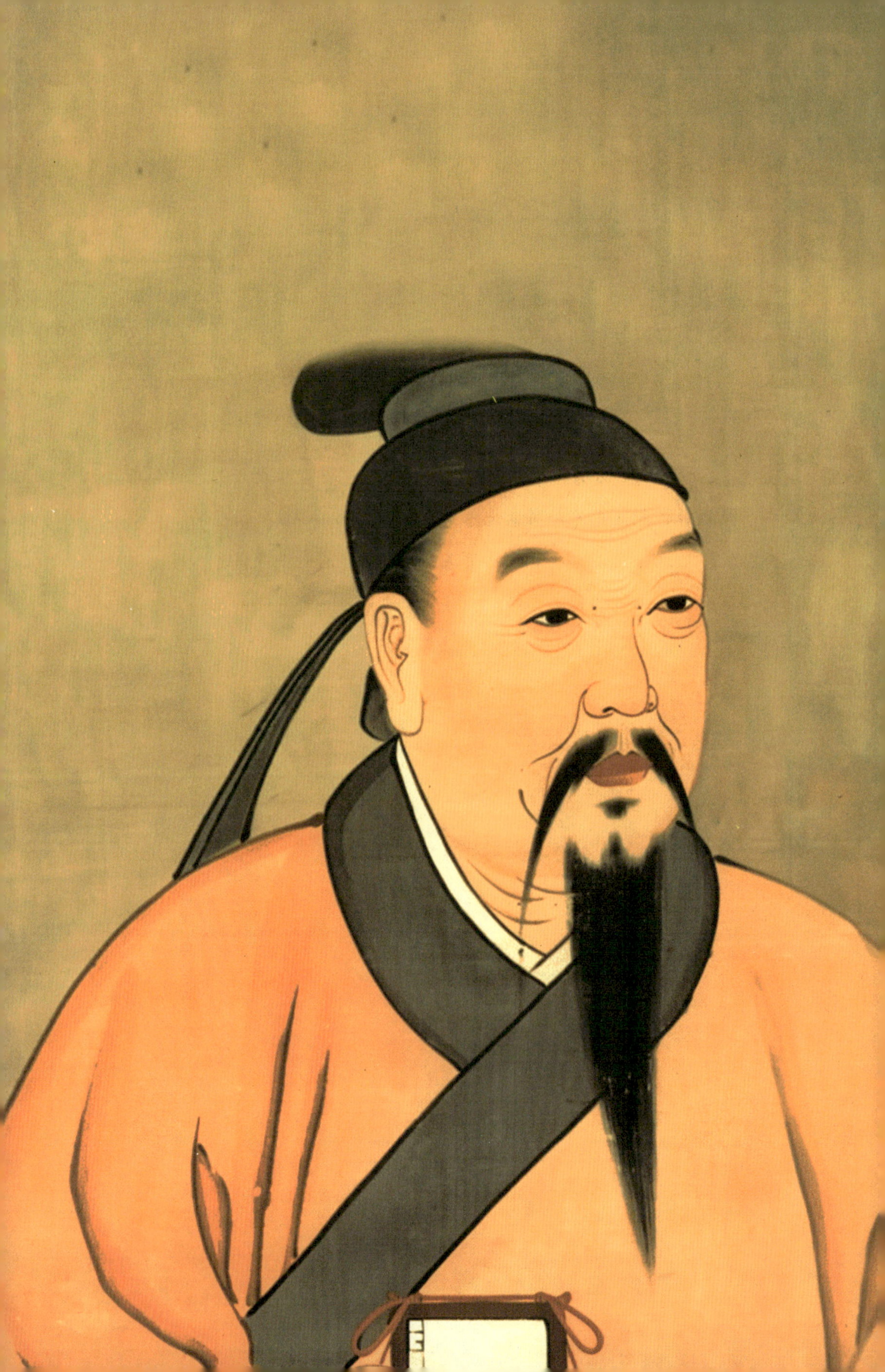

智策定唐，深谋治国

——房玄龄

他是玄武之变的重要组织人员，运筹帷幄，助李世民登上帝位

他是贞观之治的重要推手，以谋略稳定朝纲，促进国家繁荣

他与杜如晦并称为『房杜』，共谋大唐盛世

少而颖悟

房玄龄（579年—648年），名乔，字玄龄，齐州临淄（今山东淄博）人。出身于隋末唐初官宦世家清河房氏，家族世代为官，底蕴深厚。曾祖房翼为北魏镇远将军、宋安郡守，并袭壮武伯之爵；祖父房熊亦曾任职州主簿，仕途顺畅；父亲房彦谦更是魏、齐间山东地区的著名学者，不仅好学通涉《五经》，且辩才无碍。

房玄龄自幼在这样的家庭环境中成长，深受父亲影响，不仅聪慧过人，且善诗能文，博览经史，对儒家经书有着深厚的造诣。同时，他还从父亲那里学得一手精湛的书法，尤善草隶。十八岁那年，房玄龄凭借出众的才华与学识，在齐州举进士中脱颖而出，随后被授予羽骑尉、隰城县尉之职，正式踏上了仕途之路。

运筹演谋

房玄龄的谋略注重实用与稳健，他知道任何策略都须落地实施，方能见效。

因此，在制定策略时，他总是力求实际可行，避免华而不实。同时，他

房玄龄

也非常注重策略的稳健性，在追求目标的同时，最大限度地降低风险，确保大局的稳定。

运筹帷幄

在秦王府的悠悠岁月里，房玄龄以其卓越的军谋才华和深厚的文牍功底，成了秦王李世民团队不可或缺的核心人物。

他掌管军务要事，每当有军书奏章需处理，总能立马停驻，挥毫泼墨间，直击要害。李渊对房玄龄的才华极为赏识，曾对身边侍臣赞叹道："房玄龄此人，机敏过人，深谙事务之要，实乃可担大任之才。他替秦王筹划事务，总能精准把握人性，洞察人心，即便千里之遥，亦能如面对面交谈般清晰明了。"

而他预见了太子跟齐王会对李世民下手，力谏李世民先下手，就在李世民犹豫之时，太子李建成在李渊面前构陷房玄龄跟杜如晦两人，导致两人被驱逐出秦王府。

精诚治国

在唐初，房玄龄以其独到的政治眼光和深厚的治国智慧，成了唐的宰相。他知道吏治乃国家之根本，官吏的公正无私更是治国之道的关键所在。当李世民主张"量才授职，精简官员"时，房玄龄积极响应，将这一理念付诸实践。

他大刀阔斧地进行官员精简，仔细审查每位官吏的才能与职责，确保人尽其才，避免冗官滥职的现象。在他的努力下，文武官员的总数被精简至六百四十员，这一举措不仅提高了朝廷的办事效率，还大大减轻了国家的财政负担，让百姓得以喘息。

房玄龄不仅精通典制政令，更在贞观初年与杜如晦共掌朝政时，展现出了卓越的治国才能。

他们二人携手制定了一系列规章制度，从亭台楼阁的建造规模到法令、礼乐的制定，无不倾注着他们的心血。这些制度不仅在当时获得了广泛赞誉，更为后世的发展奠定了坚实的基础。

在修订律令方面，房玄龄更是秉持着宽厚平和的宗旨，力求简化律令，去除苛酷刑法。他深知法律是维护社会秩序的基石，因此格外注重法律的公正与合理。经过他与同僚的共同努力，唐代的律、令、格、式得以完善，为后世所沿袭。

房玄龄画像

房玄龄

贞观三年（629年），房玄龄改封魏国公，并担任尚书左仆射、监修国史的重任。他勤勉尽责，早起晚睡，全身心投入到国家大事中。他明达吏事，法令宽平，任人唯贤，不论出身卑贱，只论才能品德。

最后一计

贞观二十二年（648年），房玄龄病重，李世民即刻派遣御医前往诊治，同时命人每日送去御膳，不仅如此，他还多次亲临房玄龄的府邸，探望病情，足见君臣之间情深义重。

房玄龄虽病体缠身，但心系国家，忧思难忘，在生命即将走到尽头之际，他强撑病体，对围坐在床前的诸子语重心长地说："如今四海升平，唯陛下东征高句丽之事，令我忧心忡忡。陛下决心坚定，臣下无人敢直言进谏。我若知而不言，必将含恨而终。"言罢，他毅然抗表，恳请李世民以天下苍生为念，停止那无尽的征战。

这份奏表，字字沉重，句句深情，李世民不禁动容，他转向房玄龄的儿媳高阳公主，感叹道："房玄龄病重至此，仍心系国家，真是忠臣之典范啊！"于是确定不再征讨高句丽，随后，李世民决定亲自前往房玄龄的病榻前，与他做最后的诀别。

那日，阳光透过窗棂，洒在房玄龄苍白的脸上。这位老臣的一生，都在为国家的繁荣稳定而操劳。

为了能让房玄龄在生前看到子孙的显贵，李世民当即下旨，授予房遗爱右卫中郎将之职，房遗则中散大夫之位。

房玄龄的生涯堪称智慧与忠诚的典范。他深谙治国之道，以吏治为基，力推精简官员，提升行政效率，既减轻了国家负担，又促进了社会安定。在典制政令的制定上,他展现出卓越的才华,与同僚共筑朝廷基石,其宽厚平和的法理思想,影响深远,为后世所传承。面对国家大事,房玄龄更是敢于直言进谏,即便在生命垂危之际,仍心系国家,忧思征战之患,配得上以谋略引领国家走向繁荣的楷模。

史笔昭彰

器宇沈邃,风度宏远,誉彰遐迩,道冠簪缨。

——《授房玄龄杜如晦左右仆射诏》

【译】气质深沉,风度宽广宏大,名声远扬,道德品行在士人中首屈一指。

筹谋帷幄,定社稷之功。

——吴兢《贞观政要》

【译】在营帐之中筹划谋略,奠定了稳固国家的功绩。

玄龄当国,夙夜勤强。任公竭节,不欲一物失所。无媢忌,闻人善,若己有之。明达吏治,而缘饰以文雅,议法处令,务为宽平。不以己长望人,取人不求备,虽卑贱皆得尽所能。或以事被让,必稽颡请罪,畏惕,视若无所容。

——欧阳修、宋祁等《新唐书》

【译】房玄龄执掌国政时,日夜勤勉,尽心尽力,从不让一件事处理失当。他没有嫉妒心,听到别人的优点,就像自己也有这些优点一样高兴。他

房玄龄

对官吏的管理考核有深刻的见解，又能够用文雅的方式加以修饰，讨论法令制度，力求宽容平和。他不用自己的长处去要求别人，任用人才不求全责备，即使地位低微的人也能尽其所能。有时因某事受到责备，他一定会恭敬地磕头请罪，非常害怕和谨慎，好像无地自容一样。

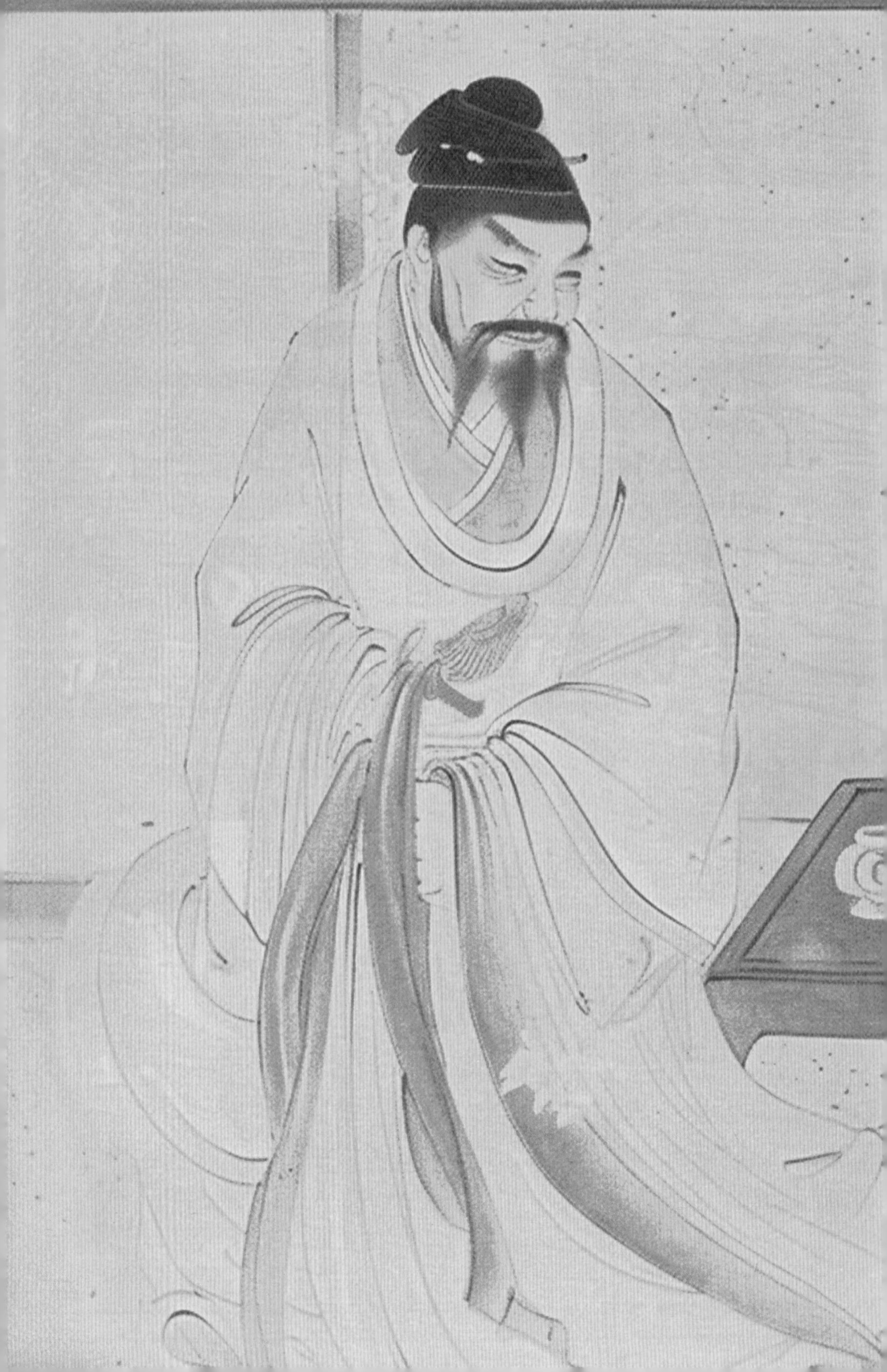

谋深略伟,老成善断 —— 杜如晦

他是唐初名相,与房玄龄共掌朝政,被誉为『房谋杜断』

他是李世民的重要谋士,多次在关键时刻提出关键建议,助其稳定政局

他是典章制度的奠基者,为唐朝的繁荣稳定奠定了坚实基础

少而颖悟

杜如晦（585年—630年），字克明，京兆杜陵（今陕西西安东南）人，出身于一个书香门第，自幼便以聪慧悟性著称，尤喜与人探讨历史、文学。隋朝大业年间（605年至618年），其才华被朝廷所识，征为预备官员。吏部侍郎高孝基对杜如晦尤为器重，曾赞其有"应变之才，当为栋梁之用"，并有意提拔，先委以滏阳县尉之职，虽俸禄微薄，但是想要以此历练杜如晦的能力。然而杜如晦志存高远，不久便毅然弃官而归，寻求更大的施展舞台。

运筹演谋

杜如晦谋略的精髓，在于"洞察"与"决断"。他总能以敏锐的洞察力捕捉时局的微妙变化，又以非凡的决断力在关键时刻提出破局之策。不同于一般谋士的犹豫不决或过于激进，杜如晦的谋划总是恰到好处，既不失时机，又不冒进妄动。

杜如晦

秦府高参

在隋朝末年风云变幻之际，李渊父子于太原起兵，势如破竹般攻入长安。随着长安的平定，杜如晦被慧眼识珠的李世民召入秦王府，担任法曹参军，随后又晋升为陕州总管府长史，成为秦王府不可或缺的人物。

太子李建成眼见秦王府人才济济，心生忌惮，便向唐高祖李渊进言，建议将秦王府的官员外调。此令一出，房玄龄站了出来，他知道杜如晦的能力，对李世民说："府中虽人才众多，但唯有杜如晦，其智谋深远，能洞察时局，实乃王佐之才。若大王仅欲镇守一方，或许尚可不用；但若欲图霸业，统一天下，则非杜如晦不可。"李世民闻言，恍然大悟，暗自庆幸得此良臣，随即向李渊奏请，力保杜如晦留任秦王府。

唐武德元年（618年），李渊登基称帝，建立唐朝。不久，陇西薛举兴兵进犯泾州，李世民率军迎战，却不慎败北。正当众人忧心忡忡之际，薛举却突发疾病去世，其子薛仁杲继位。李世民抓住时机，再次出兵，并命杜如晦等随军参赞军事。杜如晦以其敏锐的洞察力，分析敌我形势，为李世民制定了精妙的战术。在杜如晦的辅佐下，李世民大军势如破竹，薛仁杲兵败投降，最终被斩首示众。

武德二年，刘武周与宋金刚联手攻陷太原，局势再度紧张。杜如晦再次随李世民出征，在杜如晦的智谋辅助下，李世民成功击退刘武周，收复太原。

次年，李世民又率军进攻洛阳王世充，而王世充则与窦建德结盟，企图共同对抗唐军。面对强敌，杜如晦再次展现出其卓越的军事才能。他深入分析敌情，为李世民制定了先破窦建德、再攻王世充的战略。在杜如晦的精心策划下，唐军先声夺人，成功击败窦建德，随后又乘胜追击，一举攻破洛阳，王世充束手就擒。

玄武门之变

在李世民南征北战、威望日隆之际,却遭遇了来自太子李建成与齐王李元吉的打击,两人与张婕妤、尹德妃等宫中嫔妃勾结,企图通过构陷来削弱李世民的势力。

一次,张婕妤的父亲看上了淮安王李神通获赐的土地,想要巧夺却遭拒绝,于是张婕妤便向李渊哭诉,谎称是李世民指使李神通强夺。而另一边,杜如晦在骑马经过尹德妃父亲尹阿鼠府邸时,竟被其家童强行拽下马殴打,并诬陷是李世民指使。李世民虽百般辩解,但李渊对张、尹两人的宠信,让他的话语显得苍白无力。

武德四年,李世民被封为天策上将,并设立文学馆,邀请杜如晦等才子加入,共商国是。杜如晦以其卓越的才华,成为十八学士之首,与李世民常常讨论至深夜。这引起了李建成的极大忌惮,房玄龄与杜如晦是李世民最得力的助手,必须除之而后快。于是他向李渊进言,将房、杜二人逐出京师。

武德九年,李建成拉拢尉迟恭未果,竟派人刺杀,失败后更是将尉迟恭打入大牢。李世民冒险将尉迟恭保释出,却得知了李建成与李元吉欲在昆明池对自己不利的消息。长孙无忌闻讯赶来,劝李世民先发制人,但李世民却因兄弟情谊而犹豫不决。尉迟恭与侯君集日夜劝谏,仍无法使李世民下定决心。

就在这时,李世民想起了被逐出京

杜如晦画像

师的房玄龄与杜如晦。于是长孙无忌秘密召回二人。但是私自回京是死罪，李世民便将自己的佩刀交给尉迟恭，让他带房、杜二人化装成道士潜入秦王府。

房玄龄与杜如晦的到来，为李世民带来了新的希望。他们三人密谋良久，终于制定出了周密的计划。在杜如晦的谋划下，李世民决定发动玄武门事变，一举铲除李建成与李元吉的势力。事变之夜，杜如晦以其敏锐的洞察力和冷静的头脑，指挥着秦王府的兵马，确保了行动的顺利进行。最终，李建成与李元吉被诛杀，李世民被立为皇太子。

事成之后，李世民论功行赏，杜如晦因其卓越的贡献被任命为太子左庶子，并晋升为兵部尚书，进封蔡国公，赐实封食邑一千三百户。

刀笔之吏

玄武门事变尘埃落定后，李世民对一众功臣进行了隆重的封赏。在文臣之中，杜如晦与房玄龄因功勋卓著，被并列为首功。封赏仪式结束后，李世民知道论功行赏之事，稍有不慎便可能引发不满。于是询问众人是否有人对封赏有异议。

这时，淮安王李神通站了出来："殿下，想当年我们举兵起义，是我率先领兵响应。那房玄龄、杜如晦，不过是些舞文弄墨之辈，如今却将他们的功劳置于我等之上，我实难心服。"

李世民缓缓说道："叔父啊，在那乱世之初，人心各异，你虽早就率领兵马来投靠，却未上阵杀敌，但也功不可没。后来窦建德南侵，征讨刘黑闼，你更是立下赫赫战功。然而，房玄龄与杜如晦，他们虽未亲临战场，却在幕后运筹帷幄，安邦定国。他们的智谋与策略，堪比汉之萧何。正是有了他们的指挥与谋划，我们才能一次次取得胜利。因此，他们的功劳，实至名归，应列首位。"

李世民知道论功行赏必须公正无私，不能因为私情而有所偏颇。他接着说道："叔父你虽为皇亲国戚，但在此事上，我绝不能徇私枉法，滥加赏赐。否则，何以服众？"

李神通听后，虽然心中仍有不甘，但见李世民态度坚决，也只好作罢。而丘师利等原本居功自傲的武将们，见连李神通这样的皇亲国戚都未能得到额外的赏赐，也纷纷打消了申诉的念头。

从太原起兵，到玄武门事变，再到后来的治国理政，杜如晦始终扮演着至关重要的角色。杜如晦的谋划，不仅体现在军事上，更渗透于治国理念之中。治大国若烹小鲜，需精心调理，方能国泰民安。因此，在李世民登基后，他积极参与制定政策，推动改革，为大唐的繁荣稳定奠定了坚实的基础。

史笔昭彰

识量清举，神彩凝映，德宣内外，声溢庙堂。材推栋梁，谋猷经远，绸缪帷帐，经纶霸图；学综经籍，德范光茂，隐犯同致，忠说日闻。

——刘昫《旧唐书》

【译】（他）见识广博，气量宏大，神采奕奕，品德在朝廷内外都有很高的声誉，名声在朝堂上广为流传。他的才能足以担当国家栋梁，谋略深远，在营帐之中运筹帷幄，为成就霸业而精心规划；他学识渊博，精通经典，品德高尚，风范美好，无论隐退还是在职，都同样受到人们的尊敬，他

的忠诚和正直每天都为人所闻。

虽然，宰相所以代天者也，辅赞弥缝而藏诸用，使斯人由而不知，非明哲曷臻是哉？彼扬己取名，了然使户晓者，盖房、杜之细邪。

——欧阳修、宋祁等《新唐书》

【译】虽然如此，宰相是代替天子行事的人，他们辅助赞成、弥补缺漏而深藏不露，使得人们虽然受到他们的帮助却并不知晓，如果不是特别明智又有谁能达到这种境界呢？那些炫耀自己、博取名声，让所有人都清楚了解他们所作所为的人，大概只是房玄龄、杜如晦等宰相中较为细微的方面吧。

唐代贤相，前称房杜，后称姚宋，他人莫得比焉。

——司马光《资治通鉴》

【译】唐朝的贤明宰相，前期有房玄龄和杜如晦，后期有姚崇和宋璟，其他人都无法与他们相比。

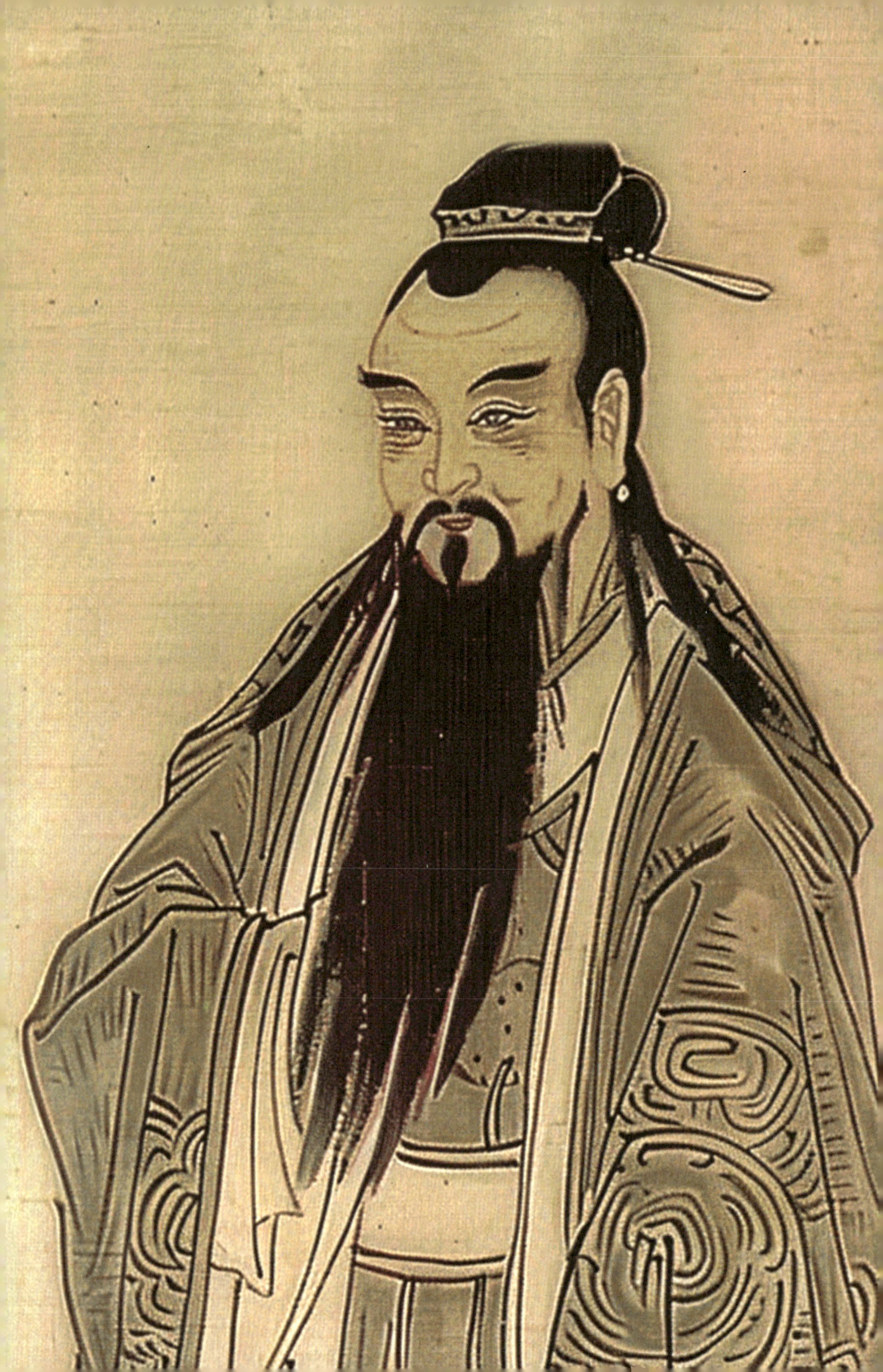

治国理政，凌烟之首

——长孙无忌

他是大唐的开国功臣，辅佐太宗成就帝业

他是朝政稳健的支柱，太宗临终托孤的重臣

他是忠臣的典范，贵为宰辅，却始终保持谦逊的姿态

少而颖悟

长孙无忌(594年—659年),字辅机,河南洛阳人,出身于显赫的关陇贵族家庭,其父乃隋朝右骁卫将军长孙晟,家族世代在北朝(北魏、北周、隋)担任要职。但是他幼年时便遭遇不幸,父亲早逝,与母亲高氏及妹妹长孙氏一同被异母兄长孙安业逐出家门。幸得舅舅高士廉收留,长孙无忌才得以在逆境中成长。他天性聪慧,勤奋好学,不仅博通文史,更展现出过人的计谋与智慧。在成长过程中,他与唐国公李渊的次子李世民结下了深厚的友谊。高士廉慧眼识珠,见李世民才华出众,未来可期,便将自己的外甥女长孙氏嫁给了李世民,而长孙无忌也成了外戚,这个本来让他显赫的身份,最终却让他走向生命的终点,自缢而亡。

运筹演谋

长孙无忌的谋划,总能于纷繁复杂的局势中捕捉到关键信息,为决策提供精准依据。他的作用不仅体现在对大局的精准把握上,更在于他对细节的精妙处理。而且他善于运用各种资源,巧妙布局,使对手在不知不觉中掉入其设下的陷阱。同时,他还深谙人性,能准确判断人心,从而制定出最为合适的应对策略。

长孙无忌

谋划玄武门

武德九年，太子、齐王、秦王三人的争锋已经到了剑拔弩张的时候了，秦王府内暗流涌动。太子李建成巧舌如簧，在李渊面前构陷房玄龄、杜如晦，二人被逐，李世民身边唯余长孙无忌。面对危机，长孙无忌力挺房玄龄政变之议，携手高士廉、侯君集、尉迟恭等，夜以继日，苦口婆心，力劝李世民先下手为强，但是李世民顾及兄弟情面，心存犹豫，举棋不定。

恰在此时，李建成以抵御突厥为由，请缨让李元吉领兵北伐，并借机调走秦王府精锐，更在饯行宴上布下杀机，意图一举除去李世民。消息传来，长孙无忌当机立断，秘密召回房玄龄、杜如晦，众人齐聚一堂，共商大计。长孙无忌运筹帷幄，分析敌我，制定出一套周密计划。

六月酷暑，长孙无忌随李世民率一众精兵，悄无声息地埋伏于玄武门。夜色如墨，月黑风高，一场惊心动魄的政变悄然上演。长孙无忌等人各司其职，最终在玄武门，成功诛杀了李建成、李元吉，秦王李世民成了唯一的继承人。事后，李渊无奈册立李世民为皇太子，长孙无忌因功被封为太子左庶子。八月，李世民登基为帝，开创贞观之治，长孙无忌则晋升为左武侯大将军。

明哲保身

贞观元年（627年），在玄武门之变中担任重要角色的长孙无忌，由吏部尚书荣升功臣之首，进爵齐国公，享千三百户食邑，其地位之尊，一时无二。作为李世民的心腹重臣，他得以自由出入皇宫内院，君臣之谊，可见一

中国古代谋士

长孙无忌画像

斑。七月，李世民更是委以重任，拜长孙无忌为尚书右仆射，权倾朝野。但是这些荣耀背后，都伴随着暗流涌动。有人暗中上书，警告李世民长孙无忌权势过盛，恐生不测。李世民却坦荡无私，将密表展示给长孙无忌，以示信任无虞，并召集群臣，公开表达对长孙无忌的倚重。

面对恩宠，长孙无忌却心生忧虑，知道"盛极必衰"的道理。他屡次上书，恳请辞去相位，长孙皇后亦从旁劝解，担忧家族过于显赫会招来祸端。

李世民虽心有不舍，但终被长孙无忌的诚意所动，改授其为开府仪同三司，以示尊重与安抚。

时至贞观七年，李世民再次提拔长孙无忌，欲授其司空之职。长孙无忌深知此职非同小可，再次上书推辞，甚至通过舅父高士廉转达辞意，担心以外戚身份担任三公，会惹人非议，有损圣名。

李世民却不为所动，坚持认为才能与德行才是授官的唯一标准，长孙无忌当之无愧。

长孙无忌无奈，只得亲自上书，言辞恳切，请求辞让。李世民亲笔批复，回忆往昔并肩作战的峥嵘岁月，强调长孙无忌在开创大唐基业中的不朽功勋，称其功绩、才干、声望皆足以胜任三公，劝其勿再推辞。为表敬意，李世民还特地撰写《威凤赋》，赠予长孙无忌，以颂扬其佐命之功，追忆共同创业的艰辛与辉煌。

长孙无忌

辅助高宗

贞观二十三年，太宗李世民于翠微宫驾崩，临终前将国家大政托付给了长孙无忌与褚遂良。新帝李治悲痛难抑，紧紧抱住长孙无忌的脖颈，长孙无忌却强忍悲痛，劝慰李治应以国事为重，稳定朝纲，李治仍沉浸在失去父亲的哀伤中，无法自拔。长孙无忌沉声道："陛下将祖宗社稷交予殿下，您岂能只顾哭泣？"随即，他秘不发丧，迅速安排李治返回长安，以安天下。

六月，李治登基，是为唐高宗，长孙无忌则晋升为太尉，兼同中书门下三品，同时身兼扬州都督，大权在握。他凭借元舅的身份，每当进言，李治无不优先采纳，其威望之盛，一时无二。曾有洛阳百姓李弘泰无端诬告长孙无忌谋反，李治闻讯，当即下令将其斩首，以示对长孙无忌的坚决信任。

永徽四年（653年），长孙无忌受命审理房遗爱谋反案。吴王李恪，素有贤名，拜司空，却因储位之争与长孙无忌结怨。长孙无忌见状，心生一计，欲借此案除去李恪，以绝后患。他暗中布局，诬称李恪亦参与谋反。二月，房遗爱等人伏法，李恪亦被赐死，临终前愤然怒骂："长孙无忌滥用权势，陷害忠良，祖宗有灵，必令其宗族覆灭！"与此同时，江夏郡王李道宗、驸马都尉执失思力（尚九江公主）因与长孙无忌不和，亦被流放岭南，长孙无忌的权谋之手，再次显现。

次年，李治欲废黜王皇后，立武昭仪为后，却担心朝臣反对。于是，他与武则天亲临长孙无忌府邸，设宴款待，并赏赐金宝缯锦十车，又提拔长孙无忌的三个庶子为朝散大夫，暗示长孙无忌皇后无子，意在寻求其支持。长孙无忌却故作不解，顾左右而言他，李治无奈而归。此后，武则天之母杨氏多次拜访长孙无忌，礼部尚书许敬宗亦从中斡旋，但长孙无忌均严词拒绝，立场坚定。

永徽六年，李治决心废后，召长孙无忌、李勣、于志宁、褚遂良入宫商议。李勣称病未至，于志宁沉默不语，褚遂良则竭力反对。长孙无忌虽未直接表态，但其态度明显倾向于褚遂良。然而，李治主意已定，最终废黜王皇后，改立武则天为后。武则天因此对长孙无忌心生怨恨，牢记长孙无忌接受赏赐却不肯相助之仇，这也为之后长孙无忌身死埋下了伏笔。

长孙无忌一生谋略深沉，他以其敏锐的洞察力与精准的判断力，屡屡在关键时刻为李世民出谋划策，奠定大唐基业，功不可没。然而，权柄之下，亦有其阴影。长孙无忌也在其中迷失，以谋略为刃，铲除异己，巩固权势，终致家族兴衰系于一线，而这些都在无形中种下了衰败的种子。

史笔昭彰

无忌善避嫌疑，应对敏速，求之古人，亦当无比。

——刘昫《旧唐书》

【译】长孙无忌善于避免嫌疑，回答问题敏捷迅速，即使在古人中寻求，也应当没有谁能比得上他。

无忌戚里右族，英冠人杰，定立储闱，力安社稷，勋庸茂著，终始不渝。及黜废中宫，竟不阿旨，报先帝之顾托，为敬宗之诬构。嗟乎！忠信获罪，今古不免；无名受戮，族灭何辜！主暗臣奸，足贻后代。

——刘昫《旧唐书》

长孙无忌

【译】长孙无忌出身于皇亲国戚和显赫家族，才华出众，堪称人中之杰。他坚定地确立了储君，有力地安定了国家，功勋卓著，始终如一。等到皇后被废黜时，他竟然不屈从于皇帝的旨意，回报了先帝的托付，却遭到了敬宗（应为唐高宗李治，此处或有误）的诬陷构害。唉！忠诚守信却遭罪，古往今来都无法避免；没有罪名却被杀戮，家族被灭何罪之有！君主昏庸，臣子奸诈，足以给后代留下祸患。

无忌与遂良悉心奉国，以天下安危自任，故永徽之政有贞观风。帝亦宾礼老臣，拱己以听。纲纪设张，此两人维持之也。

——欧阳修、宋祁等《新唐书》

【译】无忌和遂良全心全意地辅佐国家，把天下的安危当作自己的责任，所以永徽年间的政治有贞观年间的风范。皇帝也以宾客之礼对待老臣，恭敬地听取他们的意见。法度得以确立和施行，都是这两个人维持的结果。

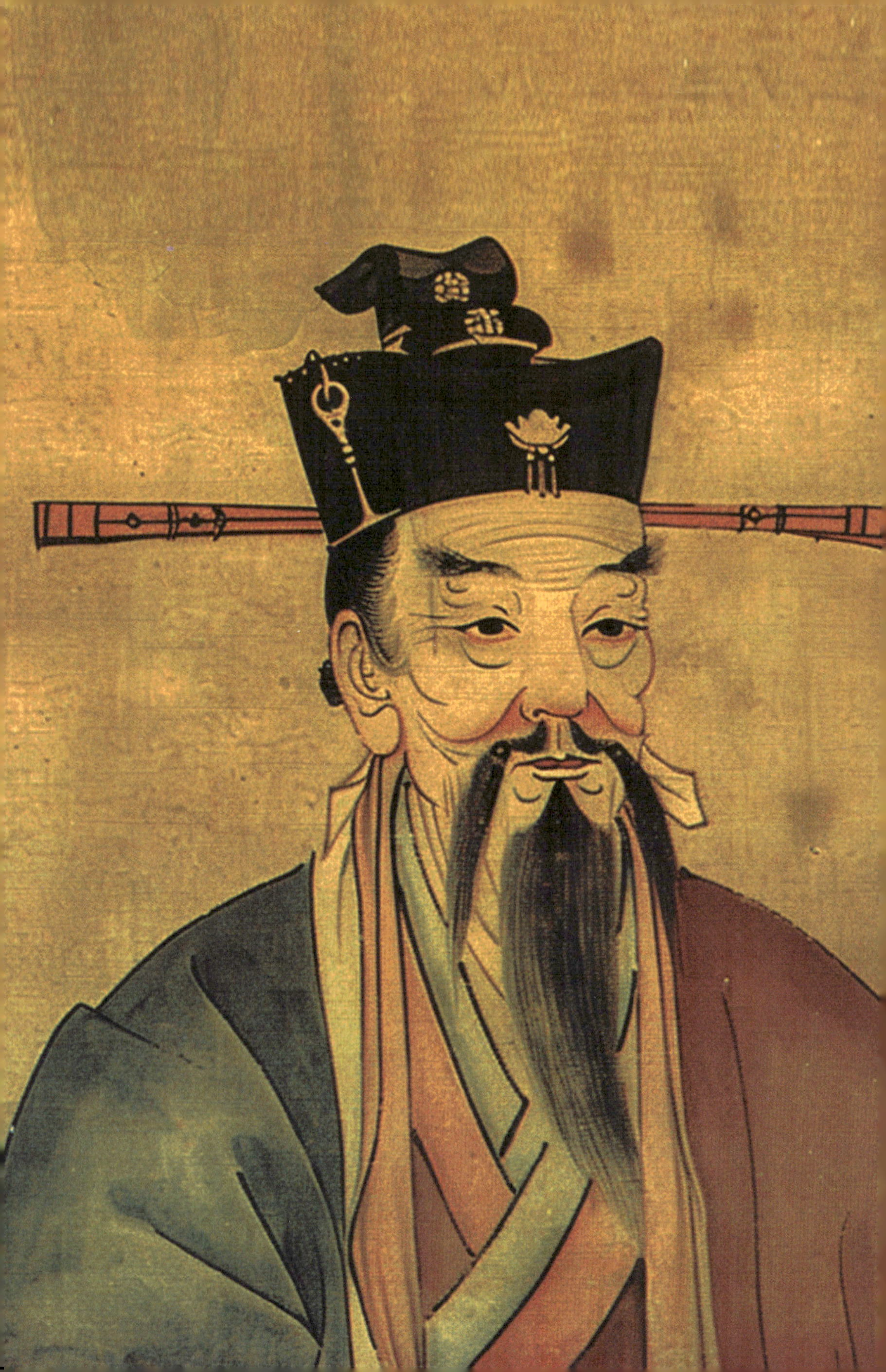

神机妙算，鉴往知来 ——刘伯温

他是朱元璋麾下的第一谋士，与徐达、李善长合成『明初三杰』

他是元末明初杰出的政治家，为明朝的建立立下汗马功劳

他是民间传说中的『前知五百年，后知五百载』的神奇人物

少而颖悟

刘伯温（1311年—1375年），名基，浙江青田九都南田山武阳村（今属浙江文成县南田镇岳梅乡）人，出生于元末乱世的一个书香门第。南田山乃"万山之巅，独开平壤数十里"，被誉为"南田福地"，在《洞天福地记》中更是被列为七十二福地之一。刘伯温自幼便展现出过人的天赋，由父亲启蒙识字后，阅读速度惊人，能七行俱下，十二岁便考中秀才，被乡间父老誉为"神童"。十四岁那年，刘伯温进入郡庠（府学）深造，师从名师学习《春秋经》。这部经典隐晦难懂，但刘伯温却能默读两遍即背诵如流，并能阐幽发微，言前人所未言，令老师大为惊讶，称赞其为奇才。

三年后，刘伯温离开郡庠，转投处州名士郑复初门下，专攻程朱理学，接受儒家通经致用的教育。郑复初对刘伯温的才华赞不绝口，预言其将来必能光大门楣。在此期间，刘伯温博览群书，诸子百家无一不窥，尤其对天文地理、兵法数学有着特殊的爱好，潜心钻研，造诣颇深。

运筹演谋

区别于其他的谋士，刘伯温拥有一种近乎神奇的预见能力，他仿佛能穿透历史的迷雾，窥见未来的走向。这种能力并非空穴来风，而是源于他对天

刘伯温

文地理、兵法历史的深入研究和对人性的深刻洞察。他总能从细微之处捕捉到局势变化的蛛丝马迹，从而提前做出准确的判断。

在布局方面，他善于将复杂的局势抽丝剥茧，化简为繁，再化繁为简，最终形成一个精密无懈的战略计划。他的布局不仅考虑到了当前的需求，更预见到了未来可能出现的各种情况，并为之做好了充分的准备。

韬光养晦

至正六年（1346年），刘伯温应好友欧阳苏之邀，前往丹徒，于蛟溪书屋开始了他的半隐居生涯。他教授村中学童，以维持生计，闲暇时则与月忽难、陶凯等挚友吟诗作对，日子倒也清闲。

两年后，刘伯温决定重返尘世，携家眷移居杭州。在那里，他的夫人为他诞下一子，即后来的刘琏。杭州的四年，刘伯温与竹川上人、照玄上人等方外高士交往密切，同时与刘显仁、郑士亨等文人墨客诗文唱和，生活充实而多彩。

至正十二年的夏天，一场突如其来的变故打破了这份宁静。徐寿辉的军队势如破竹，直逼杭州。刘伯温预感杭州即将沦陷，于是果断带着家人返回故乡。

不久，朝廷的一纸公文送至他家，任命他为江浙省元帅府都事，负责平定浙东的盗贼，特别是方国珍这股势力。

刘伯温知道方国珍兄弟乃浙东之乱的首恶，必须严惩以儆效尤。他向元左丞帖里帖木儿力陈己见，主张对方国珍采取强硬措施。但是方国珍却暗中重金贿赂官府，最终竟被招安，并授予官职。这一结果令刘伯温深感愤慨，他痛斥官府腐败昏聩，毅然辞官归隐，以此表达他对元朝统治的不满与失望。

助明开国

至正二十年，刘伯温应朱元璋之邀，来到应天（今南京），成为其麾下的谋臣。面对当时错综复杂的局势，刘伯温向朱元璋提出了避免两线作战、集中力量各个击破的策略。这一建议被朱元璋欣然采纳，随后，在刘伯温的辅佐下，朱元璋集中兵力，逐一歼灭了陈友谅、张士诚等割据势力。

在此过程中，刘伯温还建议朱元璋在表面上脱离"小明王"韩林儿，自立门户，同时巧妙地以"大明"为国号，以此吸引天下义士，凝聚民心。不久，陈友谅攻陷太平，气焰嚣张，意欲东进。朱元璋帐下众将意见纷纭，有的主张投降，有的建议避其锋芒，甚至有人提议逃往钟山以保安全。朱元璋犹豫不决，而刘伯温则沉默不语，静观其变。

刘伯温画像

朱元璋召他入内室共商对策，刘伯温提出，对于那些主张投降或逃跑的将领，应坚决予以惩处，以稳定军心。他进一步分析道，陈友谅虽然兵强马壮，但骄傲自满，目中无人，这正是我们可以利用的弱点。我们应该诱敌深

入，设下埋伏，一战而胜之，挫其锐气。

刘伯温接着详细阐述了作战计划："天道常佑后发之人，吾等当以逸待劳，静候良机。同时，须倾尽府库之资，以表吾等之诚意与决心，使士兵们信念坚定。而后吾等埋伏兵马，伺机出击，一战而胜敌。如此，不仅能取胜，更能立威，为成就王业奠定。"

严明法纪

朱元璋登基称帝后，刘伯温迅速上呈了一份详尽的军卫法草案。在商讨处州税粮事宜时，他提议参照宋朝制度，每亩加征五合，但特别请求免除青田县的加征，以示对家乡的眷顾。朱元璋欣然应允，笑称此举将让刘伯温的家乡永远传颂此事。

一次，朱元璋巡游汴梁，留下刘伯温与李善长共守京城。刘伯温深感宋、元两朝因宽容过度而失国，决心整肃朝纲。他下令御史大胆弹劾，无论宿卫、宦官还是侍从，犯错者一律秉公处理，奏报皇太子，依法严惩。此举使得朝野上下对刘伯温敬畏有加。

中书省都事李彬因私欲膨胀，纵容下属，被刘伯温查处。李善长与其私交甚笃，请求从轻发落，但刘伯温坚持原则，拒不妥协，并火速派人禀报朱元璋，获准后立即在祈雨仪式上公开处决了李彬。此事导致刘伯温与李善长关系破裂。

朱元璋回京后，李善长趁机进谗，指责刘伯温在祈雨时杀人，是对神明的不敬。同时，那些对刘伯温心存不满的人也纷纷落井下石。恰逢天旱，朱元璋召集群臣商议对策，刘伯温提出，因士卒亡故，其妻被迁往他营，导致阴气郁结；工匠死后，尸骨暴露；应将投降的吴军将吏编入军户，以调和阴阳。朱元璋采纳了他的建议，但十日后仍未见雨，大为震怒。

此时，刘伯温的妻子不幸去世，他趁机请求辞官归乡。朱元璋正忙于营造中都，并筹备对扩廓的决战，刘伯温在临行前上奏，直言凤阳不宜作为都城，且王保保不可小觑。不久，定西之战失利，扩廓逃往沙漠，成为边疆隐患。

同年冬天，朱元璋亲自下诏，表彰刘伯温的赫赫战功，召他回京，并给予丰厚的赏赐。同时，追赠刘伯温的祖父、父亲为永嘉郡公，并多次提出要为刘伯温加爵，但刘伯温均谦逊地拒绝了。

刘伯温不仅在乱世中为朱元璋提供了诸多决胜之策，更在治国理政中展现了深远的眼光和坚定的原则。从避免两线作战、各个击破敌人的战略，到制定军卫法、整肃朝纲的举措，刘伯温的每一次谋划都为明朝的建立和稳固奠定了坚实基础。

他深知历史教训，以宋、元之败为鉴，力主严明法纪，不畏权贵，敢于弹劾不法之徒，即便面对重重阻力，亦能坚守正义，维护朝纲。在军事上，他善于洞察敌情，利用敌人弱点，制定出奇制胜之策，多次助力朱元璋转危为安，成就王业。

同时，刘伯温也是一位深谙阴阳之道、注重民生疾苦的智者。他关注士卒家属的安置，提出调和阴阳以祈雨，是他对民生的深切关怀，并且能在功成名就之后，急流勇退，拒绝封赏，体现了他超凡脱俗的高尚品格。

刘伯温

史笔昭彰

所为文章，气昌而奇，与宋濂并为一代之宗。

——张廷玉《明史》

【译】他写的文章，气势宏大而风格独特，与宋濂一同被尊为那一代的文坛领袖。

基、濂学术醇深，文章古茂，同为一代宗工。而基则运筹帷幄，濂则从容辅导，于开国之初，敷陈王道，忠诚恪慎，卓哉佐命臣也。

——张廷玉《明史》

【译】刘基和宋濂的学术造诣深厚，文章古朴茂美，两人共同被誉为那一代的文坛巨匠。刘基擅长在幕后运筹帷幄，而宋濂则从容不迫地辅佐君王。在开国之初，他们共同阐扬王道，忠诚谨慎，真是杰出的辅佐之臣啊。

学贯天人，资兼文武；其气刚正，其才宏博。议论之顷，驰骋乎千古；扰攘之际，控御乎一方。

——张廷玉《明史》

【译】他学识渊博，贯通天文与人事，才能兼备文武；气质刚正不阿，才华广博深厚。在议论时，他的思绪能驰骋于千古之间；在纷扰之时，他能掌控并治理一方之地。

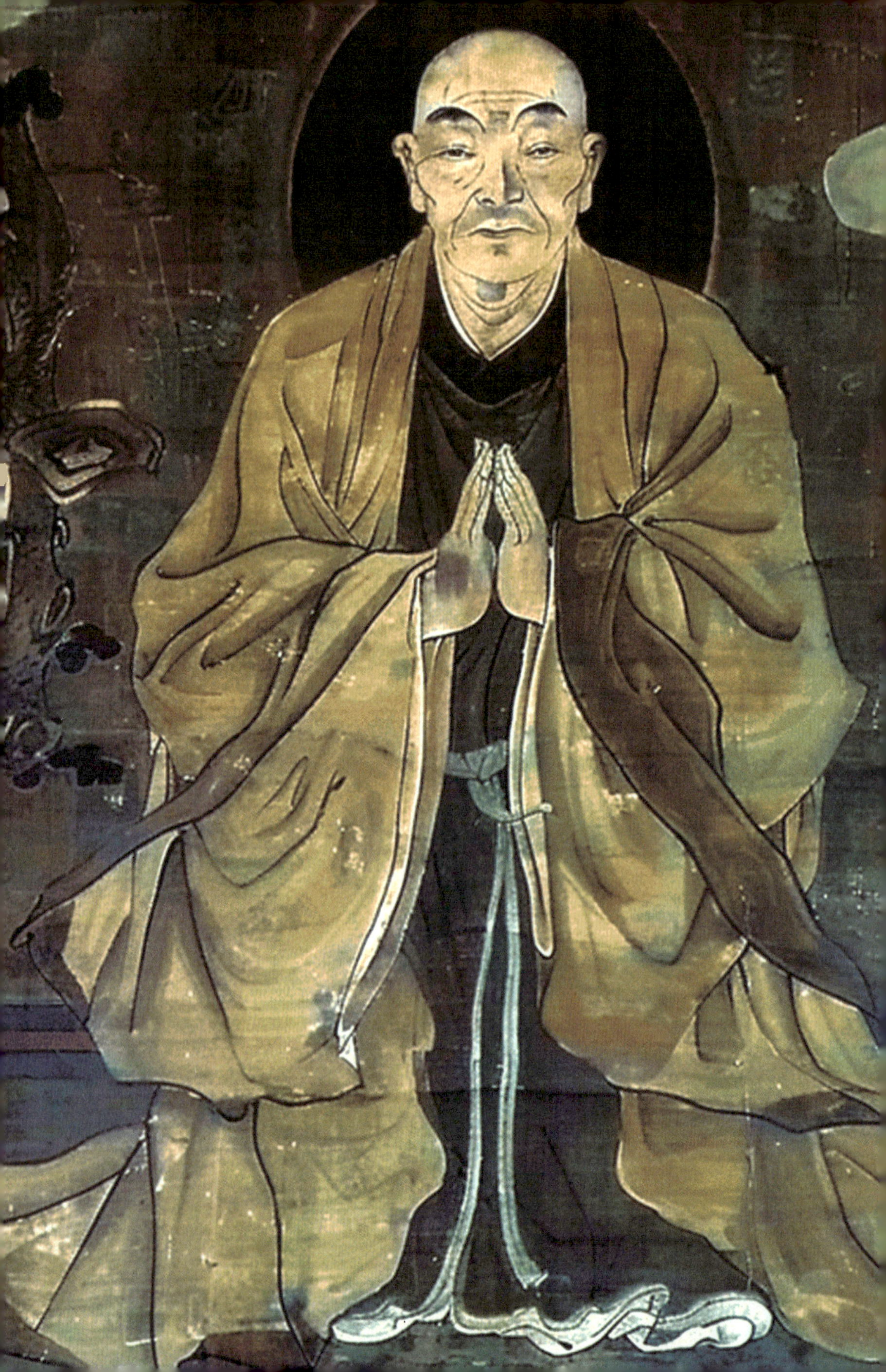

远谋僧侣，智略谋国
——姚广孝

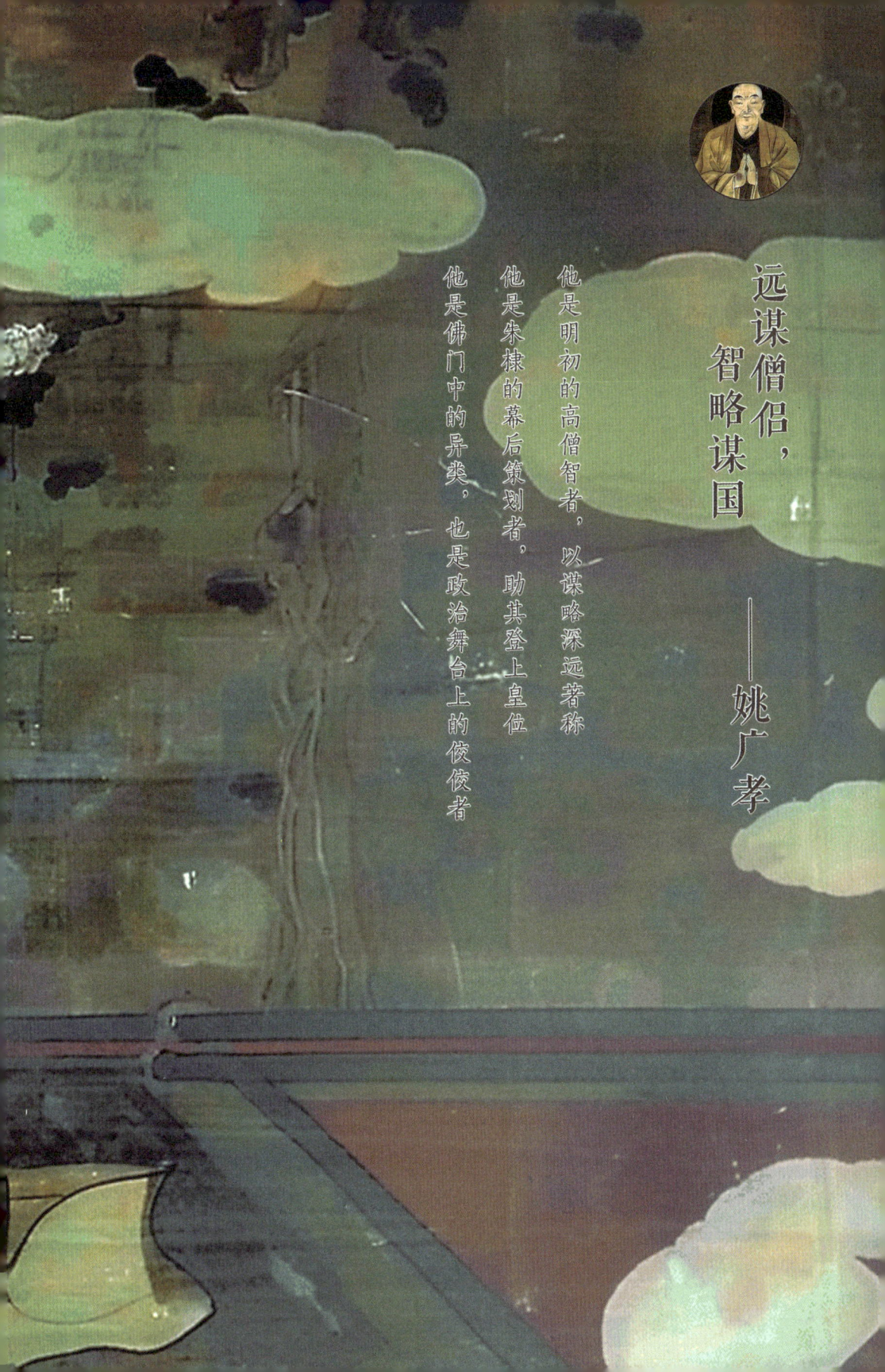

他是明初的高僧智者，以谋略深远著称
他是朱棣的幕后策划者，助其登上皇位
他是佛门中的异类，也是政治舞台上的佼佼者

少而颖悟

姚广孝（1335年—1418年），江浙等处行中书省平江路（明为南直隶苏州府）长洲县（今江苏省苏州市）人，家族世代以行医为业。但是他并未继承家业，而是在1348年他十四岁时，选择了剃度出家，法名道衍。出家后，姚广孝并未满足于单纯的佛学修行，而是拜道士席应真为师，深入学习阴阳术数。

1375年，明太祖朱元璋广招精通儒书的僧人入京应试，姚广孝凭借其渊博的学识和通儒的身份，成功入选，但是并未立即被授予显赫的职位，只获赐僧衣。又过了五年，在僧录司右善世宗泐与左阐教来复的推荐下，姚广孝得以进入天界寺，谋得一僧职，这成了他人生中的一个重要转折点，为他日后与燕王的相遇埋下了伏笔。

运筹演谋

姚广孝谋略之精髓，在于"静水流深，暗藏锋芒"。他非传统意义上的张扬谋士，不以口舌之利争锋，亦不急于一时之功。姚广孝的智谋，如同他深研的阴阳术数，讲究的是"观时察势，顺势而为"。所以他的谋划往往看似平淡无奇，实则暗含玄机，每一步都经过深思熟虑，旨在后发制人，一击必中。

姚广孝

辅佐燕王

洪武十五年（1382年），明朝宫廷内发生了一件大事，马皇后病逝。明太祖为祈福诵经，特选高僧随侍诸王，其中，姚广孝因僧录司右善世宗泐的举荐，得以与燕王朱棣相识。两人相谈投机，姚广孝更是主动请缨，要求随朱棣前往北平，担任庆寿寺住持。自此，他时常出入燕王府，与朱棣密谋天下大事。

洪武三十一年，明太祖驾崩，建文帝即位，随即展开了削藩行动。周王、湘王等藩王相继被废，天下风云变幻。姚广孝密会朱棣，力劝其起兵反抗。面对朱棣的犹豫，姚广孝斩钉截铁地说："殿下无须顾虑民心，天道自有其定数。"此言一出，犹如惊雷，让朱棣心中一震。

为了坚定朱棣的决心，姚广孝又精心策划了两步棋。他先是向朱棣推荐了相士袁珙和卜者金忠，这两人以精湛的相术和卜术，为朱棣描绘了一幅光明的未来图景。接着，姚广孝又在燕王府后苑秘密训练兵马，他修建了厚墙环绕的地穴，打造军器，为了掩盖锻造之声，更是巧妙地饲养了大量鹅鸭。这些看似寻常的鹅鸭叫声，实则掩盖了地下兵马训练的喧嚣，为朱棣的起兵做好了万全的准备。

靖难建功

建文元年（1399年）六月，护卫百户倪谅的告发，让朱棣陷入了谋反的旋涡。朝廷迅速做出反应，下令逮捕燕王府的官属。在这千钧一发之际，都指挥张信却暗中向朱棣传递了消息。朱棣当机立断，决定以诛杀齐泰、黄子澄为旗号，打出了"奉天靖难"的口号，正式起兵反抗。而姚广孝，则肩负起了辅佐世子朱高炽留守北平的重任。

同年十月，朱棣奇袭大宁，南军主帅李景隆趁机挥师北上，围攻北平。在这危急关头，姚广孝展现出了卓越的军事才能。他指挥若定，不仅成功守卫了城池，还在夜幕降临之时，巧妙地利用绳子将士兵吊出城外，与朱棣的援军形成了内外夹击之势。南军措手不及，李景隆和平安相继败退，北平之围得以解除。

建文二年（1400年），朱棣围困济南长达三个月之久，却始终无法攻破这座坚城。此时姚广孝的一封信件被送达，他直言不讳地指出："将士俱疲，应当即刻班师。"朱棣深思熟虑后，采纳了姚广孝的建议，撤回了北平。不久之后，燕军又在东昌遭遇重创，大将张玉英勇战死，朱棣不得不再次退军。

在这接连受挫的时刻，朱棣本欲稍作休整，但姚广孝却力劝他继续进军。他分析道："此时若退，士气将一落千丈。唯有继续进军，方能重振军威。"在姚广孝的坚持下，朱棣毅然决定再次出征。果然，燕军在接下来的战斗中击败了盛庸，攻破了西水寨。此时，姚广孝又提出了一个大胆的建议："莫攻城池，当直取京师。京师兵弱，必速克之。"朱棣听取了姚广孝的妙计，迅速调整战略方向。在泗水、灵璧两地连败南军后，燕军势如破竹，最终渡江进入了京师，改写了历史的篇章。

辅佐朝政

建文四年（1402年），随着朱棣在靖难之役中的胜利，他登基为帝，史称明成祖。在这一历史性的时刻，姚广孝作为背后的智囊，被授予太子少师，位列文官之首，并恢复了俗家的姓氏姚，赐名广孝。明成祖对他的尊重与信赖溢于言表，每次交谈都亲切地称呼他为"少师"。

姚广孝并未因此而迷失自我，明成祖提议他蓄发还俗，享受世俗的荣华

富贵时，他坚定地拒绝了。他依然保持着僧人的本色，居住在寺庙之中，上朝时换上朝服，退朝后又换回那身熟悉的僧衣。他的心中，始终保持着对佛法的敬畏与对世俗的超脱。

永乐二年，当苏湖地区遭遇灾荒时，姚广孝受命前往赈灾。他回到故乡长洲，将皇帝赐予的黄金全部慷慨地分发给宗族乡人，用实际行动诠释了"慈悲为怀"的佛家精神。此后，无论是明成祖往返于南京与北京之间，还是数次征伐蒙古，姚广孝都坚守在南京，辅佐太子朱高炽监国，确保朝廷的稳定与繁荣。

姚广孝是一位身披僧袍的智者，在靖难之役中，以精准的判断和巧妙的布局，助力朱棣一步步走向胜利的巅峰，天道与人心的微妙平衡被他牢牢掌握，所以他总能在纷繁复杂的局势中寻觅战机。在朝堂之上，他以僧人的身份，为明朝的稳定与繁荣贡献了自己的力量。他辅佐太子，教导皇长孙，用自己的行动诠释了"智者不惑，仁者不忧"的高尚情操。

更难能可贵的是，他始终保持着对佛法的敬畏与对世俗的超脱。在权力与诱惑面前，他坚守本心，不为所动，以一颗平常心面对世间的风起云涌。

史笔昭彰

我国家二百余年以来，休养生息，遂至于今。士安于饱暖，人忘其战争，皆我成祖文皇帝与姚少师之力也。

——李贽《续藏书》

【译】我们国家二百多年以来，得以休养生息，发展到今天。士人安于温饱的生活，百姓忘记了战争，这都是因为我们成祖文皇帝和姚少师的功劳啊。

帝在藩邸，所接皆武人，独道衍定策起兵。及帝转战山东、河北，在军三年，或旋或否，战守机事皆决于道衍。道衍未尝临战阵，然帝用兵有天下，道衍力为多，论功以为第一。

——张廷玉等《明史》

【译】皇帝在藩王之时，所接触的都是武人，只有道衍（姚广孝）为他策划起兵。等到皇帝在山东、河北转战，在军中三年，有时回师有时不回，作战与防守的机密大事都由道衍来决定。道衍从未亲自指挥过战斗，然而皇帝用兵夺取天下，道衍出的力最多，论功劳他应排在第一。

乃道衍首赞密谋，发机决策。张玉、朱能之辈戮力行间，转战无前，陨身不顾。于是收劲旅，摧雄师，四年而成帝业。

——张廷玉等《明史》

【译】正是道衍（姚广孝）首先赞同并秘密谋划，把握时机，出谋划策。张玉、朱能等人则在战场上奋力拼杀，转战四方，勇往直前，奋不顾身。于是他们集结精锐部队，击败强大的敌军，仅用四年时间就完成了建立帝业的壮举。